일 잘하는 사람은 단순하게 합니다

일 잘하는 사람은 단순하게 합니다

초판 발행 | 2019년 3월 22일
개정판 발행 | 2024년 9월 10일

지은이 · 박소연
발행인 · 이종원
발행처 · (주) 도서출판 길벗
브랜드 · 더퀘스트
주소 · 서울시 마포구 월드컵로 10길 56 (서교동)
대표전화 · 02) 332-0931 | **팩스** · 02) 322-0586
출판사 등록일 · 1990년 12월 24일
홈페이지 · www.gilbut.co.kr | **이메일** · gilbut@gilbut.co.kr

편집 · 유예진(jasmine@gilbut.co.kr), 송은경, 오수영 | **제작** · 이준호, 손일순, 이진혁
마케팅팀 · 정경원, 김선영, 정지연, 이지원, 이지현 | **유통혁신팀** · 한준희
영업관리 · 김명자 | **독자지원** · 윤정아

표지 디자인 · 석운디자인 | **개정판 디자인** · 알레프
CTP 출력 및 인쇄 · 금강인쇄 | **제본** · 경문제책

ⓒ 박소연, 2024
ISBN 979-11-407-1065-2 (03320)
(길벗 도서번호 090274)

정가 : 18,000원

독자의 1초까지 아껴주는 길벗출판사

(주)도서출판 길벗 | IT교육서, IT단행본, 경제경영, 교양, 성인어학, 자녀교육, 취미실용 www.gilbut.co.kr
길벗스쿨 | 국어학습, 수학학습, 어린이교양, 주니어 어학학습, 학습단행본 www.gilbutschool.co.kr

일 잘하는 사람은 단순하게 합니다

박소연 지음

더퀘스트

"단순함이 궁극의 정교함이다"

– 레오나르도 다빈치 –

일하는 시간^{work}이 불행한데
삶^{life}이 만족스러울 수 있을까?

일과 삶의 조화로운 균형^{work & life balance}은 이제 우리 삶의 패러다임으로 자리 잡았습니다. 월급은 좀 덜 받더라도, 승진이 좀 늦더라도, 자신이 생각하는 방향과 성장 속도에 맞춰 하고 싶은 일을 하는 사람들이 많이 늘었지요. 예전 같으면 철없는 소리라고 치부했을 텐데 이제는 좀 더 열린 마음과 시선으로 그들을 바라보게 되었습니다.

좋은 현상이라고 생각합니다. 그동안 우리나라는 지치도록 일해서 기진맥진한, 조금의 여유도 없는 직장인들로 가득가득했으니까요. 이로 인한 부작용도 꽤 컸습니다.

그러나 넘쳐나는 워라벨 담론과 N잡러 등의 이야기를 보며 멈

칫하게 되는 까닭은 모두 '퇴근 이후의 삶'에 집중해서인 것 같습니다. 퇴근 이후에 다양한 사람을 만나고, 투자 공부를 하고, 또 사이드잡side job을 하는 얘기로 가득하죠. 아, 물론 취미 생활을 즐기거나 사랑하는 가족과 함께 시간을 보내는 것도 빼놓을 수 없지요.

그런데 문제는 직장인이라면 살면서 적어도 주중 매일 9시간 이상을 '퇴근 전'에 사용한다는 겁니다. 아침에 일어나 준비하는 시간과 출퇴근 이동 시간까지 합치면 11시간 이상이죠. 11시간은 어마어마한 시간입니다. 수면에 7시간을 쓴다고 가정하면, 깨어 있는 시간의 65%에 해당하니까요.

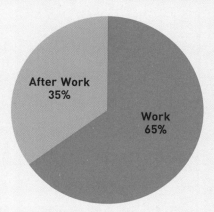

주중에 깨어 있는 17시간 중 일이 차지하는 시간

참조 : 한국인 평균 수면 시간은 6.8시간(국민건강통계)

"하루의 대부분을 차지하는
일하는 시간이 괴로워 죽을 지경인데
삶에 만족하며 산다는 게 가능할까?"

　회사에서의 시간이 끔찍하다면, 퇴근 후 몇 시간의 생활이 아무리 만족스럽다 한들 삶은 여전히 고단할 수밖에 없습니다. 올리는 기획안은 모조리 반려되고, 고작 5페이지 분량의 보고서는 팀장에게 난도질을 당하는 하루를 상상해보세요. 후배에게 몇 번이나 강조했는데도 엉뚱한 결과물을 가져와서 처음부터 다시 해야 한다면요? 좋게 말해도 꼬아서 듣는 이상한 동료는 걸핏하면 회사 휴게실에서 내 흉을 보고 있다면 어떨까요. 그런 상황에서 퇴근 후 독서 토론이, 요가 수업이, 전시회 관람이 아무리 만족스러운들 무슨 소용이겠어요?

　일은 시지프스 Sisyphus 왕의 형벌인 절벽 위에 바위 올리기처럼 오직 고통과 괴로움으로 가득한 것일까요 일하는 시간은 고통스러운 채로 내버려두고 다른 곳에서 행복을 찾으며 살기에는 일하는 시간이 너무나 깁니다. 회사 나가는 것이 두근거리지는 않더라도, 아침마다 세면대에 머리 박으며 괴로워해서야 되겠습니까.

　그러니 우리는 퇴근 후의 시간을 재밌게 보내는 계획만큼 퇴근 전의 시간을 제대로 쓰는 방법에 대해서도 알아야 합니다. 조용한

퇴사^{quiet quittings}라는 이름으로 퇴근 전까지는 눈을 질끈 감고 최소한의 마음과 노력만 투자하려고 애쓰는 건 근본적인 해결책이 아니에요. 일^{Work}과 삶^{Life}, 두 영역 모두 우리의 삶을 꽉 차게 채우고 있으니까요.

> "일을 이상하게 많이 하는
> 사람들이 있습니다."

'달걀을 한 바구니에 담지 말라.'

투자 법칙의 불문율 같은 조언입니다. 분산 투자는 위험을 적절히 나눌 수 있는 좋은 전략이지요. 하지만 이런 원칙은 투자 규모가 어느 정도 궤도에 올랐을 때 적절한 전략입니다. 월급 200만 원을 받는 직장인이 베트남 펀드에 5만 원, 금 펀드에 5만 원, 청약에 5만 원, 적금에 5만 원, 이런 식으로 분산 투자하는 건 현명하지 않습니다.

회사에서도 적은 투자금(한정된 시간과 에너지)을 가지고 분산 투자하는 것처럼 일하는 분들이 있습니다. '네가 뭘 좋아할지 몰라 골고루 준비했어'라고 말하는 것처럼 기획안도 고만고만한 수준을 여러 개, 보고서도 각종 조사와 통계 자료를 꽉꽉 채워서 작성합니다. 늘 업무량이 많을 수밖에 없죠. 이런 분들이 리더가 되면 직원은 괴롭습니다. '혹시 몰라' 온갖 자료와 정보를 준비해서 펼쳐 보이도록 독촉하니까요. 자료의 홍수 더미 속에서 상대방이 그럭저럭 방향에 맞는 걸 골라잡으면, 그에 맞춰서 다시 프로젝트와 자료를 전면 수정합니다.

다양한 버전이 있더라도 결국 채택되는 기획은 하나이며, 보고서도 하나입니다. B급 프로젝트를 100개 주는 게 무슨 소용이겠어요. 제대로 된 하나를 주는 게 훨씬 낫습니다. 그저 그런 100가지를 만들 시간에 똘똘한 하나에 집중하는 게 훨씬 현명합니다.

하지만 제대로 된 하나를 만드는 건 용기가 필요한 일입니다. 불확실성에 뛰어드는 행동이죠. 100개를 가져가면 클라이언트의 요구와 유사한 프로젝트가(기대보다 수준은 떨어지겠지만) 하나라도 있을 가능성이 큽니다. 게다가 100개를 만든 걸 보면 측은지심이 생겨서 싫은 소리를 하려다가도 한 번쯤은 참을 수도 있습니다. 하지만 1개는 감탄과 응원을 받을 수도, 전면 재검토라는 진단을 받을 수도 있습니다.

불확실성에 관한 초조함은 우리에게 업무량을 늘리도록 다그칩니다. 이게 성공할지, 저게 성공할지 치열하게 고민하는 것보다는 자신과 남을 다그쳐서 양을 늘리는 게 사실 더 쉽거든요. 한국 문화에서는 이런 현상이 유독 더 심한 편입니다. 어쩌면 갓생이라는 이름으로 많은 걸 배우고 꼼꼼하게 기록하는 청년들 마음 이면에는 불확실한 미래에 대한 불안감이 깊게 깔려 있는지도 모릅니다.

　문제는 이렇게 해서 늘린 많은 업무량이 성과나 커리어 성장으로 이어지는 경우가 드물다는 겁니다. 오히려 어수선한 업무chaotic work로 취급될 뿐입니다. 경영진이든, 상사든, 클라이언트든, 후배 직원들에게든, 그리고 본인의 커리어에든 말이에요.

"유독 일 잘하는 사람들이 있습니다."

　엄두가 안 나는 복잡한 일도 그들에게 가면 손쉽게 바뀝니다. 올해 또는 내년에 무슨 일을 해야 하는지 정확히 알고 있고, 처리하는 프로젝트마다 성과가 높아서 동료에게 부러움의 대상입니다. 상사와 이야기할 때도 긴장감 없이 편안합니다. 중간에 언성이 높아지는 일도 거의 없지요. 보고서는 기껏해야 1장이나 길어야 10장으로 써 가는데, 무슨 마법인지 손쉽게 통과가 됩니다.

　이런 사람들이 일하는 방식은 어떨까요? 저는 운 좋게도 소위 일 잘하기로 유명한 상위 0.1% 수백 명과 일해 왔습니다. 회장과 경영진, 그리고 동기 99%를 제치고 올라온 임원이 어떻게 일을 처리하는지, 국가 정책을 만드는 정부, 국회, 대통령실 등의 직원이 어떻게 수많은 프로젝트를 기획하고 실행하는지 지켜보면서 한 가지 공통점을 발견했습니다.

"일 잘하는 사람들은 단순하게 합니다."

정말 속이 시원할 정도로 명쾌합니다. 그들의 문제 해결 방식, 말과 글을 통해 소통하는 능력, 다른 조직과 협업하는 기술 등을 보면 저도 모르게 감탄하게 됩니다. 아무리 어려워 보이는 일도 그들은 전체적인 조감도를 갖고 일을 쪼개어 진행해 나가는데, 상황에 휘둘리지 않고 침착하게 하나씩 완성합니다.

이 책은 일 잘하는 사람들, 특히 효율적으로 일하면서 인생을 즐기는 사람들의 노하우를 소개합니다. 일을 제대로 잘하게 되면 원치 않는 일을 억지로 떠맡지 않습니다. 오히려 원하는 업무를, 본인이 제안하는 방식으로 할 기회가 많아집니다. 당연히 성과가 좋을 뿐 아니라 삶의 만족도 역시 높아질 수 밖에 없죠.

일에서 의미를 찾고 열정을 태우는 직장인이든, 퇴근 이후의 삶을 소중하게 꾸리고 싶은 직장인이든, 모두 '일을 잘하고 싶다'는 바람만큼은 공통적으로 갖고 있습니다. AI가 일상이 되는 시대를 살아갈 우리는 더 이상 예전처럼 일의 양으로, 민첩하게 처리하는 속도로 경쟁력을 보일 수가 없게 되었어요. 올바른 질문을 하고, 혼돈의 정보 속에서 본질적인 단순함을 유지하는 능력이 더욱 중요해지는 시대가 왔습니다.

모두의 니즈를 담아, 우리들 직장생활의 가장 대표적인 네 가지 영역에서 단순하게 일 잘하는 방법을 소개하려 합니다. 많은 직장인의 애증의 대상이며, 우리가 가장 많은 에너지를 소진하는 영역이기도 합니다.

첫째, 크고 작은 단위로 쪼개진 프로젝트 기획, 둘째, 보고서·제안서와 같은 글쓰기, 셋째, 보고·소통과 같은 말하기, 넷째, 동료와의 관계입니다.

지금까지 우리를 지치고 기진맥진하게 만든 방식은 이렇습니다. "불안해서 바쁘게 삽니다. 이것저것 하면서요."

지금부터는
가장 중요한 것에 집중할 에너지를 만들기 위해,
복잡한 것들을 걷어내는 연습을 시작하겠습니다.
기획도, 글도, 말도, 관계도 단순하게!

Stay Simple.

Accomplish More.

차례

일 잘하는 사람들은

PART
I

단순하게 합니다

집중과 단순함.
이게 바로 제 신조 중 하나입니다.

단순함은 복잡함보다 어렵습니다.
자기 생각을 정돈해서 단순하게 하려면
굉장히 노력해야 합니다.

하지만 그럴 가치가 있죠.
일단 단순함에 도달하기만 하면
산을 옮길 수 있습니다.

– 스티브 잡스 Steve Jobs –

본질을 파악하여
정곡을 찌르다

일침견혈—針見血**의 기획**

Scene 1 : 그게 진짜 문제인 게 맞아요?

민 대리는 모니터를 바라보며 한숨 쉽니다. 이번에 출시한 P 제품의 판매 실적이 예상보다 훨씬 안 좋아서 비상이 걸렸거든요. 왜 이런 문제가 생겼는지, 앞으로 어떻게 대응할 건지 분석한 기획안을 경영진에게 제출해야 합니다. 하지만 일주일 동안 고심해서 써 간 보고서를 읽고 팀장은 전면 재수정하라며 돌려보냈습니다. 도대체 무엇이 문제인 건지. 민 대리가 다섯 번째 정도 한숨을 쉬었을 때 팀 동료이자 선배인 진 과장이 슬쩍 다가옵니다.

"P 제품 개선안 쓰는 중이죠? 뭐가 문제인데 그래요?"

"과장님. 제가 P 제품의 문제점을 파악하기 위해 며칠 동안 바이어, 유통 대리점, 고객들을 조사해봤거든요. P 제품 가격이 경쟁사의 L 제품보다 높고, 대리점의 판매 수수료도 낮고, 고객이 사용하기가 너무 어렵다는 의견이 많았어요. 그래서 이걸 바꿔야 한다고 기획안을 썼는데 팀장님이 보자마자 한숨만 쉬세요."

"어디 보자. 정말 그 세 개가 문제긴 하네. 그런데 우리 회사에 P 제품과 비슷한 제품이 이미 있었잖아요. 왜 굳이 새로 제품을 내놓은 거에요?"

"좀 더 고급화된 서비스를 받으려는 고객이 있었으니까요."

"저렴한 게 아니라요?"

"네. 저렴한 제품을 찾으려면 기존 제품을 쓰면 되니까요."

"그러면 왜 가격이 문제라고 쓴 거에요? 경쟁사 L 제품은 우리와 똑같은 서비스를 제공하는데도 가격이 더 저렴한가요?"

"어…. 아니요. 그건 아니죠."

"그러면 문제의 본질이 아니지 않나요? 게다가 유통 대리점 직원 교육을 강화해서 고객 불만을 해결하겠다고 적어놨는데, 고객이 어려워하는 부문이 구체적으로 무엇이었어요? 혹시 설계 자체의 문제거나, 아니면 동봉된 설명서가 복잡한 건 아닐까요? 그렇다면 유통 대리점 직원 교육으로는 해결이 불가능할텐데요."

"… 이런 제안들이 모두 틀린 건가요?"

"틀린 건 아닌데 본질에서 벗어나 있으니 문제죠. 예를 들어, 배가 고파서 화난 아이의 기분을 풀어주려면 어떻게 해야겠어요?"

"먹을 걸 줘야죠."

"맞아요. 그런데 지금 민 대리의 기획은 아이가 좋아하는 동영상을 보여주고, 꼭 안아주고, 칭찬해주라는 식이잖아요."

Scene 2 : 그래서 정확히 뭘 한다는 건가요?

매주 임원 회의는 긴장의 연속입니다. 특히 분기별 사업 실적을 발표하는 날이면 분위기가 더욱 날 서 있습니다. 경영진의 관심이 큰 H 프로젝트를 보고해야 하는 강 본부장은 오늘 특히 더 긴장하고 있습니다. 업무 진행이 계획보다 지연되고 있거든요. 아니나 다를까, 강 본부장의 보고가 끝나자마자 부사장의 질타가 이어집니다.

"강 본부장이 얘기한 건 지난 분기 때도 들은 것 같은데요? 도대체 그 프로젝트 관련해서 진전이 있기는 한 겁니까?"

"저명한 교수진들로 구성해 연구용역을 맡겼고, 연구회도 운영

할 계획입니다. 그리고 방향을 잡기 위해 소비자 패턴을 파악할 수 있는 빅데이터 분석법을 고민하고 있고…."

"방법론 말고 정확히 뭘 하겠다는 건지 말해줘야지요. 그리고 어디까지 진척이 된 건지 보고해야지 그렇게 장황하게 늘어놓으면 어쩌라는 겁니까? 다음주 사장단 회의에서 회장님이 여쭤보실 텐데 여전히 고민 중이라고 대답해야 합니까?"

"아닙니다. 연구용역과 빅데이터 분석이 끝나면 의미 있는 방향성이 나올 것이고, 방향성에 맞춰서…."

"의미 있는 방향성이 나올지 어떻게 알아요? 한두 번 해봐요? 자신 있게 말하는 걸 보니 표본 결과가 의미 있게 나왔나 보죠?"

"…."

"그것도 아니에요? 아니, 도대체 지금까지 뭘 한 겁니까? 기껏 중요한 프로젝트를 맡겼더니 정확히 무엇을 할 지는 아직 모릅니다, 라는 식으로 대답할 거면."

강 본부장은 입을 꾹 닫습니다. 옆 본부의 공 본부장이 피식 웃는 얼굴을 보니 속에서 화홧 불이 오르는 것 같습니다. 강 본부장도 부사장이 원하는 답을 척척 내놓고 싶지만, 온갖 정보들 사이에서 무엇을 끄집어내서 우선순위를 잡아야 하는지 모르겠습니다. 다들 고만고만하게 좋아보이거나 부족해보이니까요.

기획의 핵심은 세 가지 단순한 질문에 집중하는 것

일하는 사람이라면 '기획'을 빼놓을 수가 없습니다. 우리는 매일 문제에 직면하니까요. 문제는 잘못된 것을 의미하는 게 아닙니다. 간극^{gap}일 뿐이죠. 많은 전략서에서 '문제란 현실과 기대의 간극'이라고 정의하고 있습니다. 현실에 100% 만족한다면 굳이 별도의 조치를 할 필요가 없어요. 불만족을 해결하기 위한 기획도 당연히 필요 없을 겁니다. 하지만 우리의 현실은 그렇지 않아서 해결되지 않은 문제가 줄을 지어 찾아옵니다.

기획이란 불만족스러운 현실과 원하는 목표$^{desired\ goal}$ 사이의 간극을 줄여주기 위해 많은 사람이 고안해낸 방식입니다. 문제에 휘둘리지 않고 주도적으로 대처하려는 노력이죠. 문제를 만났을 때 답을 스스로 찾아나가는 기획력이 있는 사람과 남의 생각에 의지해야 하는 사람의 차이는 매우 큽니다.

프랑스의 소설가이자 비평가인 폴 부르제$^{Paul\ Bourget}$는 '생각하는 대로 살지 않으면 사는 대로 생각하게 된다'라고 말한 적이 있는데, 저는 이 문구를 종종 기획으로 바꿔서 말하곤 합니다.

기획하는 대로 문제에 대처하지 않으면

닥치는 문제만 해결하다가 기회를 놓치게 된다.

기획력이 뛰어난 사람들, 즉 탁월하고 세련되게 문제를 해결하는 사람들은 어떻게 답을 찾는 걸까요? 그들은 상황을 복잡하게 늘어놓지 않습니다. 대신, 기획자라면 반드시 대답해야 하는 세 가지 질문에 집중합니다.

첫째, 목표(원하는 미래)는 무엇인가?

둘째, 목표를 가로막는 진짜 문제는 무엇인가?

셋째, 문제를 해결하고, 원하는 미래를 달성하기 위해 할 수 있는 실현 가능한 최적의 행동은 무엇인가?

기획자가 대답해야 하는 세 가지 질문

왜냐하면, 우리의 기획을 듣는 사람들은 이렇게 생각하니까요.

"그게 정말 우리가 원하는 목표라고요? 왜요?"

"제안하신 A, B, C 안을 적용하면 진짜 우리가 원하는 미래가 달성되나요? 무슨 근거로요?"

"많은 방법 중에 왜 그 세 개를 권하시는 거죠? 가장 중요하다고 생각하시는 이유가 뭔가요?"

하지만 일터에서 만나는 많은 기획서와 제안은 세 가지가 모호합니다. 화려한 프레젠테이션과 통계 수치를 내세우며 '고객은, 시장은, 유통 채널은, 자사 현황은, 경쟁사는, 외부적 요인은⋯' 이렇게 장황하게 설명을 늘어놓지만, 말하는 사람도 듣는 사람도 그게 진짜 문제가 아니라고 느끼죠. 해결방안 역시 왜 수백 가지 방법 중에서 '하필 꼭 그 방법'이어야 하는지 의문투성이입니다.

단순하게 일하는 사람들은 기획할 때 세 가지 질문에 대답할 수 있도록 집중합니다. 원하는 목적지와 진짜 문제를 처음부터 말하기 때문에 상대방의 마음을 사로잡습니다. 또한 한정된 예산과 시간으로 선택할 수 있는 '최적의 방안'을 찾아야 한다는 걸 기억합니다. 상대방에게 진짜로 필요한 건 적당히 좋은 답 중에 하나가 아니라 결정적인 트리거trigger가 되어 눈앞에서 그들을 괴롭히는 문제를 깔끔히 해결해줄 방안이니까요.

"

기획은
현실과 원하는 미래 사이의 간극을
해결하기 위해 만든 세련된 방식입니다.

단순하게 일하는 사람들은
이 간극을 메울 수 있는
진짜 문제,
숨겨진 열망,
트리거가 될 행동을 찾아냅니다.

"

원하는 핵심을 쓰다

촌철살인寸鐵殺人의 보고서

Scene 1 : 말하고 싶은 진짜 내용은 어디에 있습니까?

박 과장은 뻑뻑해진 눈을 비비며, 방금 컬러 프린트한 보고서를 정성스럽게 모아 스테이플러로 찍습니다. 보기만 해도 흐뭇하네요. 얼마 전 팀장이 정부와 국회를 설득할 '바이오 규제 완화 필요성' 보고서를 지시했을 때. 나름 바이오산업 전문가라고 자부하는 박 과장은 드디어 기회가 왔다고 생각했습니다. 각종 해외 보고서를 참고하여 바이오산업 정의부터 현황, 미래 성장성을 일목요연하게 정리하고, 회사의 장점을 세 가지 포인트로 강조했습니다. 쓰다 보니 50페이지가 넘었습니다만, 하나 같이 중요한 내용이라

뺄 건 없습니다. 게다가 철저한 분석 자료를 보면 정부와 국회도 한 번 더 관심 있게 읽을 것 아니겠어요? 큼큼, 목을 가다듬고 팀장에게 보고서를 보여줍니다.

"아니, 뭐가 이렇게 두꺼워요? 고생했겠네요. 그런데 잠깐만…."

보고서를 읽는 팀장의 표정이 점점 어두워집니다. 페이지 끝까지 갔다가 다시 앞으로 돌아오고, 다시 뒤를 읽기를 반복하다가 결국 보고서를 탁 내려놓습니다.

"그래서 이 보고서에서 말하려는 게 뭐예요?"
"바이오산업이 얼마나 유망한지와 우리 회사의 강점을 썼습니다. 규제를 풀어주면 얼마나 도움이 될지도 강조했고요."
"규제를 왜 풀어줘야 하는데요?"
"우리 회사에 중요한 문제니까요."
"아니, 박 과장. 정부나 국회 입장에서 우리 회사 문제가 왜 중요하겠어요? 규제 때문에 국가 산업 발전이나 국민의 기회가 줄어드니 완화해줘야 한다는 식으로 써야지 회사 자랑을 잔뜩 써 놓으면 뭐해요? 도대체 규제를 완화하면 뭐가 좋아지는 거예요?"
"아, 그게, 일자리가 늘어납니다."

"어디에 있어요, 그런 얘기가?"

"7페이지에 있습니다."

"국가 전체적으로 바이오산업이 커진다는 얘기는?"

"그건 25페이지에 있습니다."

"…."

Scene 2 : 이건 우리 회사 방향과 다르잖아요

류 매니저는 처음으로 기획 프로젝트를 맡아서 신이 났습니다. 직원 교육 프로그램을 다시 설계하는 업무를 하게 되었거든요. 류 매니저는 오랜 유학 경험으로 다져진 영어 실력을 살려 해외 유망 기업의 인사 담당자들에게 직접 연락해서 인터뷰를 진행했습니다. 다양하고 멋진 프로그램들을 일목요연하게 정리하고, 현장감 넘치는 사진도 추가하니 보고서가 풍성해졌습니다.

기획 수업에서 들었던 것처럼 전체 내용을 WHY, WHAT, HOW로 체계적으로 나눈 후 세 가지 개선 방안을 꼽아보았습니다. 물론 이렇게 바꾸려면 비용이 많이 들겠지만, 회사 경쟁력 차원에서도 직원 교육은 무엇보다 중요한 문제 아니겠어요? 자신 있게 팀장에게 보고서를 내밉니다.

"와우, 뭘 이렇게 정성스럽게 보고서를 써 왔어요?"

예상대로 팀장은 흐뭇하게 보고서를 읽습니다. 미소를 머금은 얼굴로 끝까지 읽더니 보고서를 덮습니다.

"류진아 님. 아주 흥미롭게 잘 읽었어요. 그런데 제가 이 업무를 지시할 때 왜 하게 되었는지 얘기해주지 않았던가요?"

"물론 기억납니다. 경영진에서 직원 교육의 효과가 비용 대비 낮으니 개선하라는 지시를 하셨다면서요. 그래서 비용이 다소 증가하더라도 확실히 효과가 있도록 기획했습니다."

"지금 회사 사정이 좋지 않잖아요. 직원 교육 비용이 구조조정 1순위로 올라왔어요. 어떻게든 효과를 유지하면서 비용을 줄이는 프로그램을 기획하라고 얘기하지 않았었나요? 이렇게 돈이 많이 드는 프로그램은 도입할 수가 없어요."

류 매니저는 팀장의 지시를 들었을 때 직원 교육의 효과가 없다는 내용에 꽂혔지 비용 문제에 그토록 무게가 있다고는 생각하지 못 했습니다. 팀장은 왜 똑바로 지시를 안 해준 걸까요? 아니면 본인이 제대로 못 들은 걸까요? 팀장은 어색한 미소를 지으며 보고서를 서랍에 넣습니다. 며칠 후엔 쓰레기통에 들어가겠지요. 고생해서 예쁜 쓰레기를 만든 셈이네요.

핵심이 없으면 100페이지 보고서도 소용없다

직장에서 쓰는 글은 상대방이 존재합니다. '글'이라고 하는 형태를 통해 상대방이 궁금해하는 걸 대답하거나, 우리의 생각을 효과적으로 전달하니까요. 하지만 많은 비즈니스 문서가 상대방이 궁금해 하는 내용 대신 자기가 하고 싶은 말을 적는 바람에 반려와 수정을 거듭하곤 합니다. 상대방, 즉 상사 또는 동료가 공통적으로 호소하는 잘못된 글쓰기의 세 가지 유형을 살펴보겠습니다.

첫 번째 문제 유형은 작성자의 의도가 모호한 현황 중계형입니다. ① 무엇을 하겠다는 건지WHAT ② 왜, 하필, 꼭 그걸 해야 하는지WHY가 도무지 분명하지가 않아요. 담당자의 생각을 정확히 알아야 방향을 승인하든지 수정하든지 할 텐데 말이에요. 자신이 없으니 모호하게 얼버무립니다. 저는 그런 글을 '기상청 일기 예보 같은 보고서'라고 부릅니다. 아침 뉴스에서 다음과 같은 날씨 예보를 들었을 때와 비슷한 기분이 들거든요.

"오늘 전국 내륙 곳곳에서 한때 비가 내리겠습니다."

전국 내륙은 어디일까요? 곳곳은? 한때는 언제일까요? 중요한 야외 행사를 앞둔 마케팅 이벤트를 지금이라도 실내로 바꿔야 할까요? 도무지 판단을 내릴 수가 없습니다.

두 번째 문제 유형은 대안 없는 메아리형입니다. 문제 분석을 화려하게 한 후 '어떻게 해야 할지HOW'는 상대방(주로 상사)이 알아서 판단하라는 식으로 발을 빼는 보고서지요. 개선방안을 읽어보면 전형적으로 이런 식입니다.

- 마케팅을 강화하고, 고객 서비스 제고에 힘써야 한다.
- 현황을 타개할 면밀하고 체계적인 개선방안이 필요하다.

수많은 마케팅 전략 중에 도대체 뭘 하자는 건지 모르겠습니다. 강화는 어떤 걸 의미하는 건가요? 노출 횟수인지 채널 확대인지 알 수가 없네요. 고객은 누구를 말하는 걸까요? 구매 경험, 나이 등과 상관없이 그냥 모든 고객인가요? '제고'는 아무 의미 없는 말이니 말할 필요도 없습니다. 면밀하고 체계적인 개선방안이 필요하니까 보고서를 쓰라고 한 건데, '맞아. 나도 살펴봤더니 정말 필요한 것 같아'라는 답변의 보고서를 받으면 할 말이 없어집니다.

세 번째 문제 유형은 상대방의 의도와 관심에서 벗어난 나홀로형입니다. 회사는 AI와 빅데이터 시대에 맞춰 혁신하는 모습을 보이고 싶어 하는데, 신입사원 연수를 30년 전통의 지리산 무박 등

반과 해병대 훈련으로 써 오면 아무리 분석이 치밀하고 계획이 탄탄하더라도 통과되기 어렵습니다. 또한, 대형 유통기업의 구매팀을 찾아가 우리 회사 신제품을 설명할 때, '회사와 제품 자랑'에 초점을 맞추면 아마 빈손으로 돌아올 가능성이 클 겁니다. '상대방의 이득과 기회'에 맞춰서 제안서를 써야 승률이 높아지겠지요.

단순하게 일하는 사람들은
화려한 현황 분석보다
무엇을WHAT, 왜WHY
해야 하는지를 분명히 보여줍니다.

탄탄한 기획안도
상대방의 방향과 맞지 않으면
무용지물이라는 사실을
기억합시다.

언어의 낭비를
없애다

구무택언 口無擇言**의 말하기**

Scene 1 : 무슨 일을 이렇게 불안하게 처리해요?

본부장실에서 급하게 호출이 옵니다. 정 팀장은 '컨퍼런스 때문이 겠구나'라고 짐작하며 일어섭니다. 노크하고 들어가니 본부장이 피곤한지 눈가를 지그시 누르고 있습니다.

"본부장님, 부르셨어요?"

"그래요. 컨퍼런스 준비는 잘 되고 있나요? 참석자 모집은?"

"네, 열심히 모집하고 있습니다. 걱정 마십시오."

"그래서 몇 명인데요?"

"정확한 숫자는 확인해봐야겠지만 현재 50명 정도입니다."

"50명? 적어도 300명은 와야 하는 행사 아닌가?"

"그래서 그저께 기존에 우리 회사 컨퍼런스에 참여했었던 사람들을 중심으로 초청장을 추가로 내보냈습니다."

"그 사람들은 몇 명 정도 되는데요?"

"5년간 누적된 데이터니까 대단히 많습니다."

"대단히 많은 게 도대체 몇 명이에요? 3주 후가 컨퍼런스인데 지금 등록 상황이 50명이면 문제없는 건가요? 무슨 일을 이렇게 불안하게 처리해요? 지금 당장 담당자 들어오라고 해요!"

정 팀장은 본부장이 화부터 내는 게 답답합니다. 원래 그 컨퍼런스는 무료인데다 유명 강사들이 많이 오기 때문에 늘 성황이란 말입니다. 심지어 뒤에 서서 듣는 사람도 있을 정도입니다. 아직 행사가 3주나 남았는데 왜 이렇게 사람을 다그치는 걸까요?

Scene 2 : 공포영화 같은 심장 쫄깃한 보고라니

정 팀장은 담당자와 함께 본부장에게 한 시간 동안 시달리고 나서야 겨우 방을 나왔습니다. 한숨을 쉬면서 자리에 앉자 송 대리가

"팀장님, 드릴 말씀이 있는데요."라고 말하며 슬금슬금 다가옵니다. 송 대리의 얼굴을 보니 왠지 눈치를 보는 것 같고 표정이 심각합니다. 또 무슨 심각한 문제가 생긴 걸까요?

"무슨 일이에요?"
"상무님은 숙소에 많이 민감하신가요?"
"까다로운 편은 아니시지만, 무슨 문제 있어요?"
"아시다시피 다음주가 그 나라 축제 기간이잖아요. 웬만한 호텔 예약은 모두 꽉 찬 상태라서 방 구하기가 쉽지 않다고 합니다. 어젯밤에 여행 에이전시에서 전화가 왔는데…."
"여행사가 왜요?"
"호텔 방에 좀 문제가 있대요."
"도대체 무슨 문제? 심각한 건가요?"
"상무님 담배 안 피우시죠?"
"갑자기 무슨 소리예요? 상무님이 담배 끊은 지는 몇 년 되셨지만, 지금 도대체 그 얘기를 왜 꺼내는 겁니까?"
"도무지 예약이 안 돼서 흡연방으로 예약했대요."

정 팀장은 속에서 열이 오르는 걸 간신히 참습니다. 겨우 그걸 얘기하려고 이렇게 뜸을 들였다니…. 송 대리가 얘기하는 동안 머

Part I. 일 잘하는 사람들은 단순하게 합니다

릿속에서는 온갖 최악의 시나리오가 오갔단 말입니다. 한순간 긴장했던 목덜미가 뻣뻣해지는 걸 느낍니다. 고혈압 약을 처방해준 의사가 바로 이런 걸 조심하라고 했는데 말이죠. 정 팀장은 상무님께는 잘 말씀드리겠다 하고 송 대리를 돌려보냅니다.

일 잘하는 사람은 상대방을 불안하게 만들지 않습니다

우리는 상사, 외부 클라이언트, 후배 직원 등과 얘기할 일이 많습니다. 상사나 클라이언트에게는 진행 상황 보고, 문제사항 협의 등을, 후배 직원에게는 지시사항 전달이나 진행 상황 체크 등을 주로 이야기합니다. 프로젝트 흐름으로 보자면 전자의 경우는 상향식, 후자는 하향식의 소통이라고 할 수 있습니다.

일 잘하는 사람들은 위로, 아래로 내용이 전달되는 과정이 물 흐르듯이 매끄럽습니다. 우리가 보고했다면 상사가 도끼눈을 뜨고 질책할 실수도 그 사람이 말하면 너그럽게 넘어갑니다. 후배 직원과 언성을 높이는 일도 거의 없고요. 무슨 마법을 부리는 걸까요?

"그 친구가 말하는 걸 들으면 답답하지가 않아."

제가 아는 경영진의 말에서 힌트를 찾아봅니다. 'Scene 1'의 정

상향식 소통	하향식 소통
• 진행 상황 중계	• 지시사항 전달
• 특이사항 중간보고	• 진행 상황 체크
• 문제점 상의	• 문제점 파악
• 결과물 보고 및 설득	• 결과물 검토 및 수정
⇩	⇩
'상사가 요청한 일을 제대로 하고 있음'이 핵심	'내가 요청한 일을 제대로 하고 있나?'가 핵심

팀장과 'Scene 2'의 송 대리는 상대방을 답답하게, 심지어 불안하게 만들고 있습니다. 본부장은 컨퍼런스 참석자 모집에 문제가 없는지, 행사가 잘 치러질지가 궁금했습니다. 그런데 정 팀장은 궁금증을 전혀 해소해주지 못하고 있어요. '열심히' 하고 있고, '많이' 초청했다고 할 뿐입니다. 그 사람이 열심히 하는지, 얼마나 많은 사람에게 초청장을 보냈는지가 궁금한 게 아닌데 말이지요. 결국, 들으면 들을수록 불안한 마음만 커집니다.

정 팀장은 자신의 노력을 어필할 게 아니라 참석자가 북적일 거라는 근거를 제시해서 상대를 안심시켰어야 합니다.

"본부장님, 컨퍼런스 목표 참석자인 300명 모집은 문제 없이 진행될 예정입니다. 모집 초기인데 벌써 50명이 접수했고, 이번 주 안에 200명 넘게 접수할 것 같습니다. 이 컨퍼런스는 워낙 인기가 많아서 매년 앉을 자리가 모자랄 정도거든요. 기존에 행사 참석했던 사람들 대상에게 추가로 초청장을 보냈으니 아마 조기 마감되지 않을까 싶은데요, 노쇼를 감안해서 넉넉하게 400명 정도 참가 접수를 받을 계획입니다. ”

본부장은 듣자마자 마음이 편안해졌겠죠? 송 대리의 경우도 마찬가지입니다. 문제가 있노라고 서두를 꺼낸 후 정 팀장이 자그마치 다섯 번이나 물은 다음에야 본론을 털어놓는 바람에 상대방을 불안하게 만들었습니다. 그냥 처음부터 솔직하게 상무님 숙소를 흡연방으로 예약하게 되었노라고, 국가 축제로 호텔 예약이 치열한 상태이니 어쩔 수 없을 것 같다고, 혹시라도 바꿀 수 있는지는 계속 챙겨보겠노라고 말했으면 될 일을 말이죠.

물론 협상 기술 중 유사한 전략이 있긴 합니다. 상대방이 최악의 경우를 상상하게 한 이후에 별 거 아닌 문제를 꺼냄으로써 문제가 원래보다 작게 느껴지도록 만드는 전략이죠. 그런데 그걸 굳이 상사에게 쓸 필요가 있을까요? 아마 조만간 어떤 형태로든 복수(?)를 당할텐데 말이죠.

일 잘하는 사람들은
상대방이 궁금해 하는 내용과
자기가 이야기하고 싶은 내용을
가능한 한 짧게 말하는 데
선수입니다.

그래서 그 사람이 말을 시작하면
모두들 귀를 기울입니다.

존중하지만
거리를 두다

경이원지敬而遠之**의 인간관계**

Scene 1 : 동료들이 나를 좋아하지 않아요

입사 4년 차인 윤 프로는 요즘 일요일 저녁만 되면 심장이 두근거려서 공연히 부모님께 짜증을 내곤 합니다. 다음 날 회사 갈 생각에 신경이 날카로워지거든요. 이번 인사이동에서 재무팀으로 옮겼는데 도무지 적응이 되지 않습니다. 기존에 활기차던 마케팅팀과 달리 분위기가 정적이고 사람들이 무뚝뚝합니다.

"팀장님, 어제 지시하신 1/4분기 예산표입니다."
"그래요. 거기 책상 위에 올려놔요."

"뭐, 더 지시하실 건 없으세요??"

"…."

또는 이런 식입니다.

"곽 선임님, 무슨 일이세요?"

"윤 프로, 이거 숫자 이상한 것 같은데요?"

"그래요? 아…. 그렇네요. 혹시 몰라서 제가 어제 두 번씩 점검했는데. 죄송합니다. 주의하겠습니다."

"나까지 혼날 뻔했잖아. 제대로 해요."

이게 정상적인 직장 동료 관계인가요? 매사에 저를 못마땅하게 여기고 마치 투명인간 취급하는 것 같아 속상합니다. 환영 회식은 커녕 차 한 잔 같이 마시자는 사람이 없어요. 실수라도 하면 싫은 기색이 역력합니다. 그러다 보니 매사에 위축되고, 숫자에 신경쇠약이 걸릴 지경입니다. 회사 가는 게 점점 고역이네요.

Scene 2 : 나는 좋은 사람일까, 호구일까

홍 연구원은 깜박이는 메신저 창을 클릭합니다. 입사 동기지만 학교 1년 선배인 고 연구원입니다. 잠깐 회의실에서 보자는군요.

"무슨 일인데?"

"내가 말할까 말까 망설였는데…."

한창 일하는 사람을 회의실로 불러놓고 왜 저런 말을 하는지 모르겠습니다. 슬쩍 올라오는 싫은 기색을 지우고 묻습니다.

"우리 사이에 뭐 어때. 중요한 얘기 같은데 해줘."

"사실 너랑 팀장님이랑 친하잖아. 입사 전에 동호회에서 몇 년 동안 같이 활동했다며? 그래서 팀장님이 너를 유난히 챙기시니까, 다른 선배들이 불편한 기색이시더라고."

"말도 안 돼. 활동 시기가 달라서 팀장님은 거의 본 적도 없다고. 게다가 팀장님이 나를 뭘 유난히 챙긴다고 그래?"

"에이, 다들 그렇게 생각하는데 뭐. 앞으로 좀 신경 써야 할 것 같아. 그래서 말인데…. 김 선임님과 내가 하는 프로젝트 있지? 그것 때문에 매일 야근하잖아. 그런데 기업 리스트를 정리하는 게 이만저만 힘든 게 아니야. 네가 돕겠다고 말하면 어떨까?"

"나도 다음주 연구소장님 출장 준비 때문에 바쁜데?"

"미팅 기업 섭외나 숙박 같은 기본적인 건 끝났잖아?"

"그래도 그건 좀…."

"사실 내가 김 선임님에게 슬쩍 운을 떼었더니 너를 꼭 설득하라고 하셨어. 네가 거절하면 김 선임님이 뭐가 되냐. 원래 팀원끼리는 서로 도와야 하는 거 아니야?"

홍 연구원은 화가 치밀었지만 쪼잔한 사람으로 보일까 봐 일단 삼킵니다. 이런 일은 한두 번이 아닙니다. 사무실 비품을 관리하는 것도, 컨퍼런스 회의 자료를 인쇄소에서 대신 찾아오는 역할도 이런 식으로 떠넘겨졌습니다. 정색하기도 어려워서 받아주다 보니 이제는 당연한 듯 일이 넘어옵니다.

'모두에게 좋은 사람'이라는 목표를 좇지 않습니다

"직장에서 인생의 진정한 친구를 찾고 싶어."
"이 사람은 예전 회사에서 상사(동료, 후배)였는데, 지금은 가장 절친한 친구가 되었지."

위의 문장이 자연스럽게 느껴지시나요? 아마 아닐 겁니다. 직장은 인생의 진정한 친구를 만나는 곳도 아닐뿐더러 확률적으로도 가능성이 희박합니다. 직장을 떠나서도 여전히 절친한 사이(아는 지인이 아니라)로 남는 경우 역시 흔치 않습니다.

삶을 피곤하게 만드는 것 중 하나는 직장 동료와의 관계에 너무 많은 의미를 부여하는 태도입니다. 시선과 평가에 민감한 사람들은 다른 사람의 행동에 많은 해석과 의미를 부여합니다. 그래서 동료의 행동을 곱씹고, 고민하며, 좌절합니다. 또는 원하지도 않는데 싫은 일을 억지로 해주곤 합니다. 좋은 사람이 되려고요.

하지만 사람들은 우리에게 별 관심이 없습니다. 건넨 말과 행동 역시 별 의미가 없는 경우가 많아요. 일 잘하는 사람들은 직장의 인간관계에서 적당한 거리를 유지하며, 사람들의 말과 행동에 일희일비하지 않습니다. '모두에게 좋은 사람'이라는 애당초 불가능한 목표는 시도조차 하지 않지요.

그들에게 인간관계는 복잡하지 않습니다. 마음을 닫고 냉정하게 군다는 의미가 아닙니다. 상대방에게 친절하게 대하고 가능한 한 좋은 관계로 지내지만, 본인을 딱히 좋아하지 않을 때에도 번민에 빠지지는 않는다는 뜻입니다. 썸 타는 사이도 아닌데 호감이 꼭 있어야 하는 건 아니잖아요. 별다른 이유 없이 본인을 좋아해주는 사람이 있듯이, 때론 싫어하는 사람이 존재할 뿐입니다.

일 잘하는 사람은
직장 내 인간관계에
너무 많은 의미와 해석을
부여하지 않습니다.

'일하기 괜찮은 동료',
이 정도면 충분하다고 생각하거든요.

상대방에게 친절하게 대하지만
싫은 일을 억지로 참지는 않습니다.

뇌는 복잡한 것을
싫어한다

뇌의 선택적 인지 법칙

뇌는 생각보다 게으르다

왜 일 잘하는 사람들은 단순하게 할까요? 우리의 뇌 특성과 밀접한 관련이 있습니다. 뇌는 과학자와 심리학자들이 인정한 영리한 게으름쟁이입니다. 기회만 되면 일을 줄이려고 호시탐탐 노리고 있기 때문이죠.

평소에 뇌가 어떻게 일하는지 볼까요? 우리의 뇌가 정보를 처리하는 과정은 4단계로 이뤄집니다. 첫째, 오감sensation 단계로서 자극을 받아들이는 단계입니다. 감각의 예민도는 사람마다 차이가 있지만, 여기에는 왜곡이 없습니다. 사무실에서 누가 고함을 쳤다면 청각에 문제가 없는 한 모든 사람의 청각 세포가 반응합니다. 객관적으로 높은 데시벨의 큰 소리니까요.

하지만 두 번째 단계인 선택[selection]에서부터 뇌가 게으름을 피우기 시작합니다. 평소에 조용하던 도서관이라면 사람들은 깜짝 놀라서 주의를 기울이겠지만, 중개인들이 큰 소리로 거래하는 미국 뉴욕 증권거래소라면 누구도 반응하지 않을 겁니다. 또는 한창 열애 중인 사내커플이 서로에게 집중하며 대화 중이었다면 뇌에 전달된 큰 소음은 자극으로 들리지도 않겠지요.

수많은 자극 중에서 극히 일부만 우리의 주의를 끌어들입니다. 나머지는 뇌가 '별로 중요한 일 아니니까 신경 쓰지 않아도 돼'라고 달콤하게 속삭이고, 우리는 순순히 고개를 끄덕이죠.

세 번째 단계에서 비로소 우리의 뇌는 조직화[organization] 과정을 통해 정보를 판단하기 좋도록 묶거나 배열하고, 마지막으로 네 번째인 해석[interpretation] 과정에서 의미를 부여합니다. 이때도 많은 자극이 탈락합니다. 잠깐 주의를 기울였다가도 대부분 별거 아닌 듯 잊어버리니까요. 주위의 동료들이 다들 아무 일 없다는 듯이 일하는 모습을 보며, 본인이 잘못 들었거나 아니면 사무실 바깥의 공사 소음쯤으로 여기고 금세 잊어버립니다. 아마 다음날 직장 동료가 '어제 사무실에서 큰소리가 났다던데요?'라고 하면 '그래요?' 하면서 전혀 들은 적 없다는 사람이 태반일 겁니다.

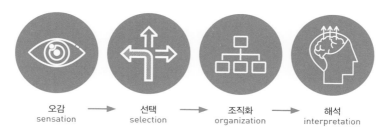

뇌가 정보를 처리하는 과정

오감
sensation

선택
selection

조직화
organization

해석
interpretation

우리 뇌는 복잡한 걸 싫어한다

우리 뇌의 고충을 생각하면 이해할 만한 일입니다. 중국과학원이 발표한 저널 〈인간이 뇌를 위해 체력을 희생한다〉에 따르면, 인간은 조그만 뇌에 전체 에너지의 20%를 쓴다고 합니다. 다른 척추동물이 섭취 열량의 2%를 사용하는 것과 비교하면 자그마치 10배 수준이지요.

평소 고강도 노동에 시달리는 뇌는 어떻게든 판단 효율을 높이기 위해 최선을 다합니다. 사소한 자극에는 주의를 기울이지 않거나 금방 잊어버리고, 설사 주의를 기울이더라도 될 수 있으면 단순하고, 완전하고, 의미 있게 지각하길 원합니다. 20세기 초에 부상한 게슈탈트 Gestalt 심리학에 따르면 우리는 부분을 따로 지각하는 것이 아니라 전체의 형태로, 가능한 좋은 형상good gestalt으로 보려고 노력하는 경향이 있다고 합니다.

　뇌는 무작위로 펼쳐져 있는 자극들이라도 가능하면 규칙에 맞추어 그룹핑grouping, 즉 덩어리로 해석하고 싶어 합니다. 다음 그림을 볼 때 우리는 모든 자극(도형)을 같게 받아들이지 않죠. 의미 없이 나열된 도형을 보면서도 나름대로 규칙을 세워 나누고 묶고 해석을 부여합니다. 따라서 근접성proximity, 유사성similarity, 완결성closure, 연속성continuation 등의 규칙이 나타나는 건 우리 뇌가 좋아하는 방식이라서 그렇습니다.

게슈탈트 심리학에 따른 지각 원칙: 우리 뇌가 좋아하는 구조

근접성	유사성
근처에 있는 것끼리 묶기	비슷한 특성끼리 묶기

완결성
불완전 형태를 완전하게 인식

연속성
방향성을 그룹으로 인식

왜 우리는, 특히 우리 뇌는 이런 형태를 좋아하는 걸까요? 간단한 질문을 해보면 알 수 있습니다.

- 근접성과 유사성 항목 안에 동그라미는 총 몇 개인가?
- 연속성 그림을 10초간 본 후 기억하여 똑같이 그리시오.

당연히 동그라미를 일일이 세기보다는 덩어리로 묶어서 계산하는 사람이 훨씬 많을 겁니다. 그리고 난도가 올라갈수록 최대한 의미 덩어리 규칙을 만들려고 애씁니다. 그렇게 단순화하는 방식이 빠른 수행에, 그리고 기억에 가장 효율적이니까요.

이런 특징은 일상 전반에 퍼져 있습니다. 우리는 조각조각 흩어져 있는 정보들을 보더라도 모아서 의미를 부여하고 싶어 합니다.

다음 그림을 보고 무작위의 얼룩이라고 생각하는 사람은 없는 것처럼요. 사람들은 먼저 검은색과 흰색으로 나누어 비슷한(유사성) 것들끼리 한 덩어리라고 인식합니다. 그다음에 형상과 배경figure & background 원칙에 따라 무엇을 그린 그림인지 판단하는 거죠.

무엇이 보이시나요?

일하는 방식도 이 규칙에 따라야 뇌가 편안합니다. 그게 기획이든, 보고서든, 말이든, 업무 관계든 말이에요.

단순하게 일하는 것은 뇌가 가장 좋아하는 전략

아침 출근길에서 수많은 사람을 만났지만, 사무실에 도착했을 때

"머리에 빨간색 헤드폰을 쓴 여자 봤어요? 지하철에서 바로 앞에 있었는데."라고 말하면 멍해집니다. 분명히 존재했던 사람이지만 내 머릿속에서는 존재한 적이 없는 사람이거든요. 길을 지나다 보면 사방이 광고들로 넘쳐나지만 우리는 본 적이 없습니다. 엄밀히 말하자면 눈은 봤지만 뇌는 본 적이 없는 거지요.

회사에서 일할 때도 비슷합니다. 여러 기획안을 제안하며 바쁘게 일해도 상대방의 머릿속에 우리의 존재감이 희미한 이유는 저 자극의 업무만 계속 입력이 되었기 때문입니다. 눈은 봤지만 뇌는 보지 못한 거죠. 1년이 지나 성과를 제출할 때 여러 업무를 잔뜩 적어보지만(아래 그림의 왼쪽 도트 그림처럼), 그래서 무엇을^{WHAT} 했는지 모르겠다는 상사의 소리에 좌절합니다.

성과를 보여주는 방식 비교

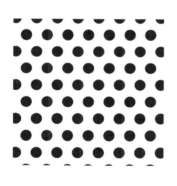

일 잘하는 사람들은 본능적이든, 아니면 롤모델이 되는 동료를 통해 배웠든, 이 원리를 알고 영리하게 활용합니다. 리더와 클라이언트의 게으른 뇌에 한 번에 꽂히도록 기획하고 보고하며, 고만고만한 프로젝트를 가지고도 멋진 그림을 그려냅니다. 앞서 그림의 오른쪽 새 모양처럼 말입니다. 이렇게 일하지 않으면 상대방의 뇌는 죄다 잊어버린다는 걸 잘 아는 거죠.

우리의 뇌는
복잡한 걸 싫어합니다.

뇌가 좋아하는 방식으로 일하지 않으면
누구의 기억에도 남지 않습니다.

남는 건
꽉 찬 스케줄과
피곤한 몸뿐입니다.

바쁘고 지친 상대방을
배려하다

성인 주의력결핍증후군

Scene 1 : 제대로 듣고는 있는 거야?

강 대리는 화가 가라앉지 않습니다. 2주 전, 본부장은 외부기관에서 발표할 PPT 자료를 요청했었습니다. 투자 활성화를 위한 워크숍이었기 때문에 회사, 특히 우리 본부 업무를 중심으로 실적과 사례를 만들었습니다. 발표 시간이 30분가량이기 때문에 참석자들이 지루하지 않도록 중간에 사진 자료들도 적절히 넣었습니다. 문제는 본부장에게 보고한 날에 벌어졌습니다.

"본부장님, 다음주 발표하실 PPT 만들어 왔습니다."

"좋습니다. 강 대리가 전체적으로 한번 설명해볼래요?"

"네, 먼저 2페이지 목차부터 보시면 됩니다. 먼저 내부 환경과 외부 환경으로 나눠서 분석했고요…."

설명을 듣던 본부장은 갑자기 휴대전화를 들더니 뭔가를 확인합니다. 그러더니 문자를 입력하기 시작합니다. 강 대리는 계속 설명을 해야 하나 멈춰야 하나 머뭇거렸는데, 본부장이 계속하라는 눈짓을 보냅니다. 한 5분쯤 설명을 했을까요? 갑자기 본부장에게 전화가 옵니다. 한참 통화하던 본부장은 다시 자리로 돌아오더니 한숨을 쉽니다. 강 대리는 설명을 계속했지만 이미 본부장은 다른 생각을 하는 듯 건성으로 듣는 눈치입니다.

"여기까지입니다. 혹시 수정하고 싶으신 부분이 있나요?"
"음, 글쎄. 자료가 눈에 확 들어오지 않는데요. 말하고 싶은 메시지가 뭔지 모르겠고, 예시들도 뭔가 동떨어진 느낌이네요."

강 대리는 순간 욱하는 마음이 들었습니다. 본부장이 제대로 설명을 듣지도 않고 산만하게 구니까 이해가 안 가는 거겠지요. 집중해서 들었다면 왜 눈에 들어오지 않겠어요? 결국 본부장은 발표자료를 세 가지 메시지로 압축하고, 그 핵심 메시지 위주로 PPT를 아예 다시 만들라고 지시했습니다.

Scene 2 : 내가 그런 말을 했다고?

 윤 그룹장은 최근 황당한 경험을 자주 합니다. 직원들이 하루에도 몇 번씩 결재를 맡으러 오는데, 왜 이렇게 했냐고 질타를 하면 지난 번에 시킨 대로 한 거라는 겁니다. 하지만 전혀 기억나지 않으니 답답할 노릇입니다. 예전에는 깜빡 잊었다가도 어느 정도 얘기하다 보면 '아, 그랬었지' 하며 생각이 났는데, 지금은 아예 머릿속이 백지예요. 저 고지식한 황 파트장이 거짓말을 할 리는 없는데 전혀 기억이 없으니 황당할 뿐입니다.

 하긴, 하루 중 잠시라도 뭔가에 집중할 수 있는 시간이 없어진 지 오래되었습니다. 이른 아침 홍보본부의 조간 브리핑이 단톡방에 올라오면 경영진의 지시사항이 꼬리를 물고 바로 올라옵니다. 출근하고 나면 직원들이 기다렸다는 듯이 보고하러 들어옵니다. 골칫거리 문제들을 듣고 한참 실랑이를 하며 처리하다 보면 어느새 점심 약속 시간입니다. 거래처 기업에게 제안할 제품 브리핑 내용은 이동하는 차 안에서 벼락치기로 공부합니다.

 돌아오는 길에 휴대전화로 이메일을 체크하니 그새 급한 건이 여럿입니다. 각 담당자에게 전달하고 전화로 간략한 지시를 합니다. 회사로 돌아오니 비서가 부사장이 찾는다는 메모를 전달합니다. 부사장실에 올라가니 최근 D 프로젝트 관련해서 질문과 질타가 이어집니다. 지시사항을 받아 적고 자리로 돌아오면 기한이 얼마 남지 않은 자료들을 들고 담당자들이 자기 차례를 기다리고 있습니다.

그 와중에도 머릿속에는 부사장의 지시사항을 어떻게 처리할지 고민이 한가득입니다. 일단 누구에게 시켜보려 해도 뾰족한 답이 없는 문제라 적임자를 찾기가 마땅찮습니다. 정신 없이 일을 처리하다보니 어느 덧 퇴근 시간이 되었습니다. 윤 그룹장은 고3 때도 먹지 않았던 총명탕이라도 먹어야 하나 고민입니다.

대부분의 상사는 후천성 'ADD(주의력결핍증후군)' 환자

임원과 경영진들이 공통적으로 호소하는 어려움 중 하나는 많은 프로젝트를 동시에 신경 써야 하는 부담감입니다. 실무자 때는 굵직한 프로젝트가 연간 10개를 넘지 않고, 하루에 처리하는 프로젝트는 2~3개 내외 수준입니다. 팀장만 하더라도 좀 낫습니다. 물론 팀원 머릿수에 비례해서 프로젝트가 폭발적으로 증가하지만, 업무 성격은 비슷한 편이니까요. 게다가 얼마 전까지 실무자였던 팀장은 팀원의 업무를 대부분 숙지하고 있기도 하고요.

그러나 임원부터는 얘기가 달라집니다. 전혀 다른 성격의 업무들이 섞이고, 개념부터 공부해야 하는 새로운 업무들이 쏟아져 나옵니다. 게다가 팀장들이 심각한 표정으로 가져오는 과제들은 하나같이 해결이 까다롭거나 임원이 책임을 져야 하는 문제들입니다. 휴가 결재처럼 마음 편하게 할 수 있는 게 아니라는 의미지요. 게다가 경영진은 매주 임원 회의에서 새로운 숙제를 내줍니다. 그러니 그들의 뇌는 과부하로 파업 일보 직전인 상태가 되고, 머릿속에는 해결되지 않은 각종 문제가 앙금처럼 늘 남아 있습니다.

일 잘하는 사람들은 지친 상대방의 뇌를 배려한다

뇌가 너덜너덜 지친 사람들은 상대방의 얘기를 들을 때 가급적 최소한의 에너지로 해결하고 싶어 합니다. 직원이 결론을 말하지 않고 장황하게 배경을 설명하기 시작하면 무의식적으로 듣지 않게 됩니다. 중요한 스포츠 경기를 보는 도중에 아파트 안내 방송이 나오면 한 귀로 듣고 흘리는 것처럼요.

아예 딴생각할 수는 없는 터라 직원의 얘기를 반쯤 듣고는 있는데, 10분을 들어도 무슨 얘기인지 모르겠으면 짜증이 올라옵니다. 어쩌면 중간쯤에 결론을 얘기했는지 모르겠지만, 이미 제대로 안 듣고 있던 터라 언제 중요한 얘기를 했는지도 모릅니다.

상사와 직원의 동상이몽

게다가 우리 프로젝트의 대부분은 상사 또는 클라이언트가 자신의 상사에게, 그 윗 상사는 그 윗윗 상사에게 지시를 받아서 내려온 경우가 대부분입니다. 다시 층층이 거쳐 올라가야 하지요. 그런데 슬프게도 성인 주의력결핍증후군^ADD^은 위로 올라갈수록 악화하는 질병이다 보니 점점 더 산만한 상대가 기다리고 있습니다. 위로 올라갈수록 보고하려는 사람은 많아지고, 고민해야 하는 문제 수준은 더 까다로워지니까요. 따라서 직속 상사가 집중할 수 있는 시간이 10분이라면, 위로 갈수록 그 시간은 5분, 3분, 30초로 점점 줄어듭니다.

이토록 산만한 대상을 두고 우리는 어떤 전략을 취해야 할까요?

산만한 뇌가 딴생각할 틈을 주지 않아야 합니다.

무엇을 하려고 하는지, 보고서의 핵심은 무엇인지, 무슨 얘기를 하는지, 30초 안에 깔끔하게 설명할 수 있는 습관을 길러야 합니다. 그렇지 않으면 일주일 동안 노트북이 뜨거워지도록, 우리의 얼굴에 다크서클이 내려앉도록 고생한 프로젝트와 보고서를 두고 상습적으로 딴생각하는 상대방을 만나야 할 겁니다. 심지어 그 분들은 제대로 듣지도 않은 채 모르겠다고 하거나 화를 내곤 하지요. 우리 정신 건강에 결코 옳지 않습니다.

" 우리가 만나는 많은 사람은
후천성 성인 주의력결핍증후군
환자입니다.
이 증상은 위로 올라갈수록
악화합니다.

그래서 우리가 이야기할 때
조금만 틈을 주면 딴생각을 합니다.

일 잘하는 사람들은
상대방의 지친 뇌 상태를
알고 있습니다.
그래서 단순하고,
명쾌하게 이야기합니다. **"**
딴생각할 틈을 주지 않는 것이지요.

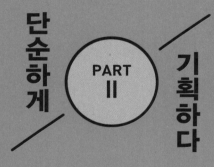

단순하게   PART II   기획하다

1997년 쇠락하는 애플로 돌아온
스티브 잡스는
생산하는 제품의 가짓수를
350개에서 10개로 줄였다.

단순하게 본질에 집중한 전략은
소비자의 마음을 사로잡았고,
그는 시대의 아이콘이 되었다.

왜 이 일을 하는지
고민하다

'왜'가 언제나 먼저 WHY First, Always

우리는 일상에서 매일 '기획'한다

기획企劃, planning이란 어떤 대상에 대해 그 대상의 변화를 가져올
목적을 확인하고, 그 목적을 성취하는 데에
가장 적합한 행동을 설계하는 것을 의미한다.
– 행정학 사전 –

기획이라는 단어를 들으면 무엇이 떠오르나요? 광고 제작하는
크리에이티브 디렉터나 맥킨지 같은 컨설팅 기업의 전략 컨설턴
트가 맨 처음 떠오를지 모르겠습니다. 하지만 기획 잘하는 법을

다룬 수많은 책에서 '기획'은 특별한 게 아니라 누구나 일상에서 매일 같이 마주하는 것이라고 말해줍니다.

"이번 여름휴가는 어디로 갈까?"

"캐시미어 겨울 코트를 살까 말까? 롱패딩을 사야 하나 말아야 하나? 그렇게 따뜻하다는데. 유행이 지났다고 놀리면 어쩌지?"

"어머니가 올해 환갑(칠순)이신데 어떻게 기념하지?"

우리는 일상에서 선택이 필요한 많은 순간을 만납니다. 취향, 가격, 평판 및 후기, 상대방 선호도 등을 면밀하게 조사하고 관찰해서 가장 최적의 해결 방안optimal solution을 찾아냅니다. 그런 의미에서 우리는 모두 기획을 수백, 수천 번 성공적으로 치러낸 경험이 있습니다. 큰맘 먹고 캐시미어 코트를 살지 말지, 산다면 얼마에 무슨 색깔로 살지를 결정하는 프로세스는 회사의 브랜딩 전략을 기획하는 프로세스에 비해서 결코 단순하지 않으니까요.

우리가 일터에서 매일 마주하는 업무도 역시 기획의 연속입니다. 크리에이터가, 전략 기획 담당자가 아니어도 말이에요.

"제니퍼 님, 올해 직원 채용과 교육 어떻게 할지 생각해봤어요? 준비되는 대로 다음주 내 방에서 토론 좀 합시다."

"정 매니저, 이번에 출시한 B 제품의 반품이 많다던데 어떻게 된 거예요? 파악해서 빨리 보고해줘요."

"송 연구원, 올해 우리 본부 워크숍 어떻게 하면 좋겠어요? 요즘 젊은 사람들 감각에 맞게 잘 짜와 봐요."

"은 팀장, 전무님이 올해 우리 본부 사업계획이 작년 것과 비슷한 맹탕이라고 노발대발하셨어. 했던 일만 반복하지 말고 새로운 일을 해보라고 하는데 뭐 좋은 아이디어 없어요?"

어떤가요. 전혀 낯설지 않죠? 난도의 차이는 있지만, 우리는 일터에서 매일 기획과 마주하고 있습니다. 그런데 많은 사람에게 기획은 스트레스예요. 도무지 어디서부터 시작해야 할지 모르겠고 기껏 짜낸 아이디어는 빈약해 보이니까요. 그래서 기획은 어렵다고 여기고, 센스 있어 보이거나 보고서에 능숙한 직원에게 자꾸 넘기고 싶어 합니다. 하지만 언제까지나 계속 피할 수는 없겠죠.

WHY는 베이스캠프이자 이정표다

여기서 앞에 인용했던 기획의 정의를 다시 한번 살펴보겠습니다.

기획企劃, planning 이란

① 어떤 대상에 대해

② 그 대상의 변화를 가져올 목적을 확인하고,

③ 그 목적을 성취하는 데에

가장 적합한 행동을 설계하는 것을 의미한다.

– 행정학 사전 –

Planning is the process of thinking about the activities required

to achieve a desired goal.

– Business dictionary.com –

　　공통으로 보이는 건 '목적goal'입니다. 그냥 목적이 아니라 대상의 변화를 가져올, 열망하는 목적이지요. 'WHAT(무엇)'을 목적이라고 착각하는 우를 범하면 안 됩니다. 여름휴가가, 캐시미어가, 부모님의 환갑(칠순) 기념 자체가 우리의 열망하는 목적의 본질이 아니잖아요. 여름휴가를 통해 '뾰족하고 날카로워진 일상의 독을 지워내고 오랫동안 간직할 추억과 힘을 충전받는 것' 등과 같은 것이 진짜 목적desired goal입니다. 그리고 부모님의 환갑 기념을 통해 성인이 된 후 서먹했던 부모님과의 관계를 회복한다든지, 아니면 평소에 엄친아, 엄친딸을 둔 친척 앞에서 은근히 무시 당하셨던 부모님의 설움을 확실히 없애 드린다든지가 진짜 목적이겠지요. 그런데 진짜 목적에 대한 고민 없이, 어디서, 얼마의 가격에, 언제 등만 생각한다면 그야말로 공허한 기획이 됩니다.

전 세계적으로 큰 영감을 주었던 《나는 왜 이 일을 하는가》의 저자 사이먼 사이넥Simon Sinek은 우리가 '왜WHY' 대신 '무엇을WHAT'이나 '어떻게HOW'에 연연한다고 지적합니다. '왜'를 놓치기 때문에 아침마다 도무지 재미없는 일을 하러 억지로 눈을 뜨고, 프로젝트 성과는 평범하기 짝이 없는 일상을 살아간다는 거죠.

사이넥은 골든 서클The Golden Circle이라는 개념으로 이 설명을 뒷받침합니다. 평범한 사람들은 어떤 과제를 만났을 때 방법HOW부터 찾으려고 애씁니다. 하지만 비범한 사람들은 제대로 문제를 해결하기 위해서 목적 또는 열망WHY으로부터 시작합니다. 사실 위 책의 원제 또한 《Start with Why》입니다.

사이넥이 설명하는 평범한 방식은 이렇습니다.

"우리는 훌륭한 컴퓨터를 가지고 있습니다WHAT. 매우 아름다운 디자인에, 쉽게 이용할 수 있고 편리합니다HOW."

이어서 사이넥은 애플의 비범한 방식을 소개합니다.

"우리는 기존의 현상에 도전하고, 남들과 다르게 생각한다는 것을 믿습니다WHY. 기존의 현상에 도전하는 우리의 방식은 제품을 아름답게 디자인하고, 간단히 사용할 수 있게 하고, 편리하게 만드는 것입니다HOW. 우리는 방금 훌륭한 컴퓨터를 만들게 되었습니다WHAT."

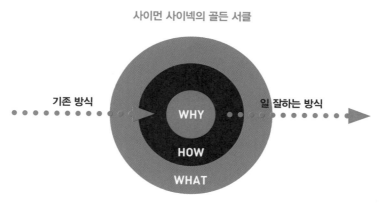

사이먼 사이넥의 골든 서클

출처: 《나는 왜 이 일을 하는가》(사이먼 사이넥 지음, 타임비즈)

진짜 열망(Desired Goal = WHY)을 찾다

평소 우리는 어떤 방식으로 기획을 할까요? 앞의 예시에서 나온 인사교육팀의 제니퍼는 채용과 교육 프로그램을 기획하라는 지시를 받았습니다. 정 매니저는 B 제품의 반품률이 높은 이유를 찾아야 하고, 송 연구원은 본부 워크숍 기획을(젊은 직원들 감각에 맞게 하라는 아리송한 지시 방향과 함께), 은 팀장은 올해 팀 사업계획에 넣을 만한 새로운 프로젝트를 기획해야 합니다.

우리는 이런 지시를 받으면 일단 한숨을 푹 쉬고, 문서 프로그램을 연 다음 깜빡이는 커서를 쳐다봅니다. 일단 제목에 〈○○○ 현황과 개선방안〉, 〈20△△년 ○○○ 계획〉 등과 같은 제목을 적어 놓고 또 한숨을 쉬지요. 메신저를 켜서 동기나 친하게 지내는 동료에게 비슷한 프로젝트 경험이 있는지 물어봐서 최대한 비슷한 포맷을 받은 다음 하나씩 꾸역꾸역 채워나가기 시작합니다.

채용과 교육을 기획해야 하는 제니퍼의 기획서를 들여다볼까요? 우선 연간 채용할 직원의 예상 규모를 맨 위에 적었습니다. 추가로 채용 설명회 계획이나 함께할 헤드헌터 기업 명단도 덧붙였습니다. 직원 교육은 작년 연간 교육 프로그램을 뚫어지게 쳐다보다가 일단 그대로 가져옵니다. 너무 똑같이 하면 한소리 들을 테니 요즘 유행하는 'AI', '고객 경험' 같은 키워드를 넣어서 커리큘럼 몇 개를 추가합니다.

이렇게 쓰다 보니 얼마 전에 팀장이 얘기한 게 생각났습니다. 직원들이 사내 교육에 불만이 많은 것 같다고요. 그래서 직원이 희망하는 커리큘럼을 설문 조사하기로 합니다.

대략 모양새가 갖춰진 것 같은 느낌입니다. 하지만 별다른 내용이 없는 것 같기도 해요. 팀장이 그냥 조용히, 무심하게 넘어가기를 바랄 뿐입니다. 다시 한숨을 푹 쉬고는 팀장에게 보고하기 위해 인쇄 버튼을 누릅니다.

제니퍼처럼 일하는 방식, 너무 익숙하시죠? 그런데 이런 식의 기획서는 구멍이 너무 많아서 상대방이 마음만 먹으면 각 줄의 모든 단어를 일일이 시비 걸 수도 있을 정도입니다. 왜 그 채용 인원이 적정하다고 생각한 건지, 어떤 유형의 인재를 찾기에 채용 설명회라는 형태가 가장 최적이라고 생각한 건지, 직원 교육을 하는 이유는 무엇인지, 고객 경험이나 AI 교육과 우리 회사가 무슨 상관인지, 직원에게 희망 커리큘럼 설문조사를 한다고 했는데, 커리큘럼 구성이 직원 불만의 핵심인 게 맞는지, 하나하나 따져묻는 소리를 들으면 기획자의 멘탈은 쿠크다스처럼 부스러지겠지요.

HOW(방법)부터 섣불리 나열한 기획은 공격하기에 너무 쉬운 타깃입니다. 제안한 방법 자체가 문제라는 건 아니에요. 채용 설명회, AI 교육 프로그램, 설문 조사 모두 좋은 HOW(방법)입니다. 그런데 문제는 이거에요.

"왜 그 많은 HOW(방법) 중에 그걸 콕 집어서 선택한 거죠?
특별한 이유가 있나요?"

WHY(진짜 목적, 열망)부터 시작하지 않았기 때문에 대답할 수가 없습니다. 사실 제니퍼는 채용과 교육을 '왜' 해야 하는지부터 고민했어야 됐어요. 한바탕 혼이 난 제니퍼는 다시 원점인 WHY부터 시작합니다. 먼저 소속 부서인 인사교육팀의 WHY(진짜 목적)부터 떠올려봤습니다. 인사교육팀의 존재 가치는 뛰어난 실적을 낼 수 있는 인재들을 뽑고, 그들이 재능을 발휘하며 맘껏 일할 수 있도록 돕는 겁니다. 그것을 위해 다양한 프로그램과 제도를 도입하는 거겠지요.

이제 다음 단계를 할 차례입니다. 제니퍼는 자신이 맡은 채용과 교육 프로그램의 WHY(진짜 목적)를 고민했습니다. 오랜 고민 끝에 '내가 진짜 해야 하는 일은 회사를 성장시킬 재능 있는 인재들을 데려오고 키우는 것'으로 정의했습니다. 20년 동안 회사는 꾸준히 성장했지만, 기존 주력 사업이 사양세로 접어드는 바람에 매출이 계속 줄어들고 있는 상황이거든요. 모두들 이대로는 위기라고 생각합니다. 새로운 사업 진출이 필요한 시점이죠.

제니퍼는 '회사를 성장시킬 재능 있는 인재를 키우겠다!'라는 문장을 깨끗한 종이 위에 적어놓고 뚫어지게 쳐다봅니다. 그리고 문장의 단어 하나하나를 쪼개어 질문을 만들어보기 시작합니다. 이때, 질문은 많이 만들수록 좋습니다. 질문이야말로 WHY를 찾는 정말 좋은 안내자거든요.

회사를 성장시킬 재능 있는 인재를 키우겠다!

| 회사의 성장이란? | 성장시킬 재능이란? | 인재의 범위는? | 키우는 방식은? |

회사를 성장시키는 재능은 무엇일까요? 우리 회사가 성장하려고 하는 분야는 무엇인가요? 아니, 그보다 우리 회사는 '성장'을 어떻게 정의하나요? 신규 진입인가요, 아니면 시장 점유율 확대인가요? 그 분야의 핵심 인재는 어떤 사람인가요? 데려온다는 건 신입인가요 아니면 경력인가요? 키운다는 건 구체적으로 무슨 의미일까요? 핵심 역량별로 키우는 데 시간이 얼마나 걸릴까요? 새로운 직원만 교육하면 되는 건가요? 기존 직원들을 교육하는 것도 '키운다'는 정의에 넣어야 할까요?

이렇게 단어 하나하나 쪼개어 대답하다 보면 어느새 그림이 그려질 겁니다. 만약 회사가 AI 성장에 맞춰 빅데이터 분석을 통한 맞춤형 소비 예측 서비스와 원격 의료 서비스를 새로운 진출 분야로 설정했다면, 여기에 최적화된 인재를 만들어야겠지요. 게다가 '인재 키우기'를 곰곰이 생각하다 보면 채용, 적응, 기존 직원 교육

등을 모두 포함하는 개념인 걸 알게 됩니다.

이제 제니퍼의 기획서는 기존과 차원이 다른 깊이를 갖게 됩니다. 게다가 제니퍼는 자기가 하는 일의 의미를 정확하게 깨닫고 마음속에 소중하게 품게 되었죠. 매일의 시간과 재능을 쏟아붓는 일의 의미를 찾는 건 우리에게 무척 중요한 일입니다.

"우리는 매일의 일상에서
숨쉬듯이 기획을 합니다.

기획의 시작부터 막막하거나
기획의 결과물이 평범하게 느껴진다면
'HOW(방법)'부터 찾으려고
애썼기 때문입니다.

먼저
그 과제의 진짜 이유,
숨겨진 열망을 찾으세요.

모든 기획은
'WHY(왜)'부터 시작해야 합니다.

좌뇌를 이용해
기획하다

로지컬 씽킹 Logical Thinking

논리적 사고는 가장 적합한 행동을 찾는 데 필요하다

기획의 정의를 다시 보겠습니다. 제가 하도 정의를 강조하다 보니
이 사전을 만든 사람은 뿌듯하겠다는 생각이 듭니다.

기획企劃, planning이란 어떤 대상에 대해 그 대상의 변화를
가져올 목적을 확인하고, 그 목적을 성취하는 데에
가장 적합한 행동을 설계하는 것을 의미한다.

– 행정학 사전 –

Planning is the process of thinking about the activities required
to achieve a desired goal.

— Business dictionary.com —

색깔로 표시된 행동^{activities}을 자세히 봐주시길 바랍니다. 목적
^{desired goal}을 성취하는 데 가장 적합한 행동을 취할 것을 강조하고
있습니다. 문제는 '적합한 바로 그 행동'을 어떻게 찾는가입니다.
우리는 이 행동을 찾는 데 매우 서툽니다. 문제를 단순하게 만드
는 연습이 덜 되어 있거든요.

어떤 문제든지 복잡한 현상이 빼곡하게 얽혀 있는 상태로는 한
발자국도 나아가지 못합니다. 우리가 손댈 수 있는 영역으로 잘게
쪼개어 덩어리를 지어줘야 합니다. 《기획의 정석》 박신영 저자는
이 단계를 'dividing'이라고 칭하며 '누가누가 잘게 쪼개나'와 '누
가누가 의미 있는 단위로 묶나'의 싸움이라고 조언했습니다.

자, 이제 논리를 담당하는 좌뇌가 등장할 시간입니다.

로직 트리로 생각을 짜임새 있게 정리한다

일반 직장인들에게 가장 적용하기 좋은 툴은 로직 트리^{logic tree}입니

다. 로직 트리는 문제를 할 수 있는 한 잘게 쪼개어 봄으로써 가장 적합한 행동을 찾아내는 방식입니다. 아래의 그림을 보면 트리의 기본적인 형태를 짐작하실 수 있을 거예요. 그림에서는 하위 두 단계까지 내려갔지만, 더 쪼개는 것도 얼마든지 가능합니다.

로직 트리의 기본적인 형태

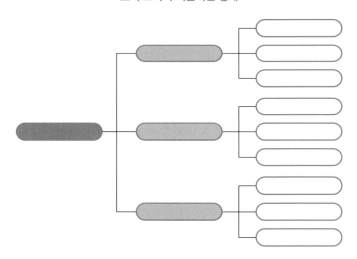

정부나 공기업에서 일하시는 분은 어딘가 익숙하다고 느끼시지 않나요? 그렇습니다. 보통 3×3이라고 불리는 형태는 매년 초 사업계획을 세울 때 자주 사용하는 방식입니다. 3가지 대표 과제를 만들고, 각 대표 과제별로 3가지 실천 과제를 제안하는 구성이지요. 그렇잖아도 로직 트리라는 게 우리 뇌가 편안하게 받아들이는 구조화(의미별로 덩어리 짓기) 방식인데, 한국 사람이 좋아하는 숫자 3이 합쳐져 많은 곳에서 몇 년간 정석처럼 사용하고 있습니다. 사실 꼭 3개로 나눌 필요는 없습니다. 문제를 해결 가능한 수준으로 쪼갠다는 개념이 중요하니까요.

예를 들어, '요즘 나는 우울해'라는 문제가 있다고 해보겠습니다. 우울하다는 감정은 추상적이고 모호해서 당장 어디서부터 손을 써야 하는지 가늠도 되지 않습니다. 그러니 좀 더 쪼개어 봅시다. 저는 몸, 마음, 관계, 세 가지 영역으로 나눠보았습니다.

로직 트리의 적용 예시

저 먼 곳에 있던 추상적인 '우울하다' 문제가 좀 더 손에 잡히는 과제 수준으로 내려왔습니다. 여기의 9가지 세부 문제는 '우울하다'보다 실제적이고 구체적입니다. 이렇게 우선순위대로 해결 방안을 하나씩 정리해나가다 보면 마음이 조금씩 나아질 수 있지 않을까요?

물론 여기에서 끝나면 안 되고 사실은 더 내려가야 합니다. 아무리 추상적인 문제라고 하더라도 잘게 쪼개다 보면 진짜 이유를 찾게 됩니다. 우리의 목적^{desired goal}을 해결하기 위한 실현 가능한 행동^{activities}도 마침내 찾을 수 있을 테지요.

WHY-HOW 질문법으로 로직 트리를 만들어보자

로직 트리를 쪼개어 내려가는 방식에는 WHY와 HOW 질문법이 있습니다. 먼저, 해답을 찾을 때까지 계속 '왜^{WHY}'라는 질문을 반복하는 방식입니다.

'나는 우울해. **왜?** 몸이 안 좋아. **왜?** 수면 장애로 자꾸 깨서 하루에 세 시간도 제대로 잘 수가 없어. **왜?** 글쎄, 늦게 자서 그런 게 아닌가 싶어. **왜?** 요즘 미드에 푹 빠졌거든. 퇴근 후 두 편씩 보다 보니 매일 새벽 1시가 넘어서야 잠자리에 들게 돼. 잠자리에 누워서도 자꾸 그 장면들을 생각하다 보면 2시가 훌쩍 넘어가….'

우울한 이유가 수면 장애 하나만은 아니겠지만, 어쨌든 WHY를 네 번 반복하면서 우리가 실현 가능한 행동을 찾았습니다. 퇴근 후 미드를 시청하는 행동 패턴을 바꾸면 되는 거죠.

HOW 트리도 방식은 비슷합니다. 해결 방안을 찾게 될 때까지 계속해서 '어떻게HOW'라는 질문을 반복합니다.

'우울한 상태를 고쳐야겠어. **어떻게?** 몸을 건강하게 해야지. **어떻게?** 5kg 늘어난 체중을 원래대로 줄일 거야. **어떻게?** 식단 조절을 해야지. **어떻게?** 앞으로 한 달 동안 밀가루 음식을 먹지 않고, 저녁 9시 이후에는 물 이외에 아무것도 먹지 않을 거야. **어떻게?** 집에 있는 빵과 과자는 모두 버리고, 점심 메뉴는 단백질과 채소 위주로 고르겠어. 매일 저녁 9시마다 알람을 울리게 해서 경각심을 가져야지.'

So What-Why So 질문으로 논리를 촘촘하게

《로지컬 씽킹》의 저자는 맥킨지식 논리적 사고와 구성의 기술로 'So What-Why So' 방식을 소개하고 있습니다.

So What-Why So 방식

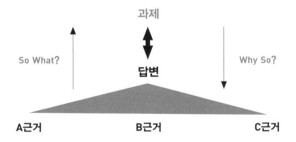

So What?	'그 결과 무엇이 되는가?'라는 질문에 대한 답변이다. 제시된 여러 근거를 기반으로 도달할 수 있는 타당한 결론을 의미한다.
Why So?	'구체적 방안이 무엇인가?', '왜 그렇게 말할 수 있지?'라는 질문에 대한 답변이다.

과제

So What? ↑　↕ 답변　↓ Why So?

A근거　　　　　　B근거　　　　　　C근거

언뜻 복잡해 보이지만 알고 보면 별 것 아닙니다. 연역과 귀납 쌍방향이 말이 되도록 논리를 짜라는 의미입니다.

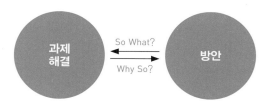

"진짜로 문제가 이거라고요?"
"이게 정말 해결책이 맞아요?"

많이 들어본 듯하죠? 기껏 제안한 내용에 딴지 거는 상대방의 지적질을 들으면 속이 울컥할 겁니다. '더 좋은 의견 있으면 말해 보시지'라는 분한 마음도 들겠지만 잠시 기획서를 다시 들여다봅시다. 꼼꼼히 보면 Why So(구체적 방안이 무엇인가?)와 So What(그 결과 무엇이 되는가?)이 호환되지 않는 경우가 의외로 많습니다.

"우리나라 스타트업 창업을 활성화하기 위해 세 가지 전략을 세우고자 합니다. 첫째, 창업자 교육을 강화하겠습니다. 둘째, 유통 채널을 넓히겠습니다. 셋째, 정부의 공영 홈쇼핑에서 스타트업 창업 제품을 우선적으로 배치하겠습니다."

스타트업 창업을 위한 Why So(구체적 방안이 무엇인가?)로 교육,

유통 채널 확대, 정부 공영 홈쇼핑을 통한 홍보, 이 세 가지를 제시했습니다. 얼핏 듣기엔 괜찮아 보이네요. 그런데 정말 이러면 스타트업 창업이 활성화되는(So What) 건가요? "그럼요! 스타트업 기업이 가장 바라는 바인걸요."라고 하실지 모르겠습니다.

그렇다면 질문을 바꿔보겠습니다. 창업자 교육과 유통 채널, 정부 공영 홈쇼핑 노출을 확실히 확보해주기로 약속하면 지금 당장 창업하시겠어요? 아니면 저희가 A 스타트업에 해당 지원을 할 테니 2억 원 투자하실래요?

글쎄요, 저는 안 하겠습니다. 재무, 마케팅, 인재 확보 등 해결할 문제가 산더미 같은 걸요. Why So(구체적 방안이 무엇인가?)는 그럭저럭 맞아 보였지만 So What(그 결과 무엇이 되는가?)의 방향대로 화살표를 따라가는 순간 논리의 허점이 드러납니다. 교육과 유통이 스타트업에 도움이 되는 건 맞지만Why So, 교육과 유통을 도와준다고 해서 스타트업 창업이 성공하는 건So What 아니니까요.

우리의 기획서를 다시 한번 봅시다. 분명히 좋은 제안을, 해결 방안을 적어놨을 거예요. 이제 제목을 가려보세요. 이 분야를 전혀 모르는 사람이 이 제안만 봤을 때 우리가 정확히 무슨 문제를 해결하려고 하는지 알 수 있을까요? 수십 가지 다양한 답이 떠오른다면 사실상 무엇도 해결하지 못하는 기획일 수 있습니다.

열망하는 목표를 위한
가장 적합한 행동을 찾는 것이
기획의 핵심입니다.

로직 트리logic tree는
많고 많은 행동 중에
하필 그 행동을 해야 하는 이유를
논리적으로 보여줍니다.

Why-How 질문으로 트리를 쌓고
So What-Why So 기법으로
논리의 틈을 촘촘하게 채우세요.

뇌가 편안한 방식으로
구성하다

MECE

덩어리로 묶으면 복잡하던 문제가 단순해진다

우리 사업부서가 자동판매기로 음료를 판매하는 사업을 검토 중이라고 가정해보겠습니다. 먼저 어떤 음료가 있는지부터 알아야 하지 않겠어요? 아니나 다를까, 팀장님이 현황을 파악해보라는 미션을 내렸습니다. 자, 우리가 아는 음료를 적어볼까요?

콜라, 오렌지 주스, 생수, 사이다, 맥주, 포도주, 식혜, 우유,
환타, 커피, 녹차, 홍차, 밀크티, 포도 주스, 이온 음료, 두유, ….

수십 가지를 나열할 수 있겠습니다. 구체적인 브랜드까지 포함하면 경우의 수는 수백, 수천 가지로 늘어납니다. 구글링을 열심히 해서 3,421가지의 시판 음료를 나열한다면 그게 무슨 의미가 있을까요? '아, 세상에는 참 많은 음료가 있구나'라며 식품업계 종사자들의 고군분투에 감사하는 마음이 생길 뿐입니다. 3,421가지 종류를 의미 있게 받아들이는 뇌는 없으니까요.

그래서 우리는 덩어리, 즉 그룹핑grouping이라는 과정을 거칩니다. 기준을 부여해서 비슷한 성격끼리 묶는 거죠. 예를 들면 음료는 알코올, 무알코올로 나누고, 알코올의 경우 양조주, 증류주, 혼성주 등으로 나눌 수 있습니다. 이 중에 양조주는 과즙을 발효한 경우와 곡물을 발효한 경우로 또 나눌 수 있겠네요. 과즙 발효는 과일 종류에 따라 와인, 사과주 등 다양한 카테고리가 있고, 곡물을 발효한 예도 맥주, 사케, 막걸리 등 다양합니다.

음료 속성에 따라 나눌 수도 있지만 유통 채널 종류, 판매 대상 등으로 나눌 수도 있습니다. 지하철 안에 있는 자동판매기 음료와 백화점의 VIP 라운지에 있는 음료 구성은 다를테니까요. 세대별로 선호하는 음료가 다르기도 합니다. 구분하는 기준은 우리가 세우기 나름이에요. 중요한 점은 쭉 펼쳐놓기만 한 리스트가 아니라 구조화된 덩어리로 상대방에게 보여줘야 한다는 겁니다.

비슷한 성격끼리 묶어주기

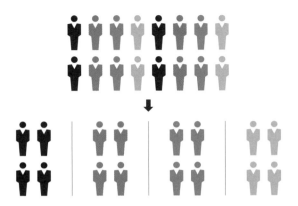

위에 16명의 사람 아이콘을 무슨 기준으로 나누면 좋을까요? '색깔'로 4개 덩어리를 만들 수 있겠지요. 너무 쉬운 문제라서 저를 한심하게 보시는 분을 위해 슬쩍 2단계를 제안합니다.

다양한 자세를 하는 12명의 사람

이 그림은 어떤 기준으로 나누시겠어요?

팔의 위치? 방향? 다리 모양? 기마 자세 여부? 땅에 닿은 다리의 개수? 앞의 4가지 색깔의 아이콘과는 달리 누가 봐도 똑 부러지는 기준이 없습니다. 누가 더 그럴듯하게 기준을 설명하는지에 따라 듣는 상대방이 수긍하기도, 반박하기도 하겠지요.

2단계도 수월하게 하시는 분을 위해(훌륭합니다!) 3단계를 제시해 볼게요. 앞에 나왔던 사례입니다.

"스타트업 창업을 활성화하려면 무엇을 해야 할까요?"

수백 가지 방법이 있겠죠. 자, 이제 무슨 기준으로 나누시겠어요?

덩어리를 묶을 땐 가장 먼저 MECE를 기억하라

MECE *Mutually Exclusive Collectively Exhaustive*

'미씨'라고 읽는다.

항목들이 상호 배타적이면서 모였을 때는

완전히 전체를 이루는 것을 의미한다.

즉, '겹치지 않으면서 빠짐없이 나눈 것'이라 할 수 있다.

들어봤지만 확실히는 모르는 개념일 수 있고, 하도 많이 들어서 '에이, 이미 다 아는 걸 가지고'라고 생각할 수도 있겠습니다. 그러나 우리나라 상위 0.1% 인재가 만드는 그룹의 전략보고서에서도 중요하게 생각하는 요소이고, 정부 부처의 에이스가 작성한 대통령 보고 자료에서도 걸핏하면 놓쳐서 두 번 일을 하게 되는 것이니, 경각심을 갖고 집중해서 읽어주시면 좋겠습니다.

미씨라고 부르는 MECE의 개념은 이렇습니다. X라는 과제 해결을 위해 A, B, C라는 세 가지 영역을 선정해서 대안을 제시했다고 해보겠습니다. 그러면 A, B, C는 서로 항목이 겹쳐서는 안 될 뿐 아니라 위치hierarchy가 대등해야 합니다. 그리고 A, B, C 항목을 합치면 X라는 과제의 전 영역을 커버해야 하죠. 간단히 설명하자면 중복이 없는(ME: Mutually Exclusive) 요소들로 구성하되, 누락된 것이 없도록(CE: Collectively Exhaustive) 만들면 됩니다.

MECE가 충실하게 지켜진 예시

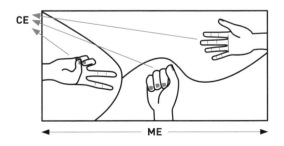

앞의 그림은 MECE를 잘 설명해줍니다. 가위바위보 게임에 관해 설명한다고 해볼게요. "자, 이제부터 저는 가위, 바위, 규칙, 이렇게 세 가지로 나누어 설명하겠습니다." 이렇게 말하면 뭔가 이상하죠? 카테고리가 이상하잖아요. 가위, 바위는 손동작을 얘기하는 것이고, 규칙은 게임의 방식이니까요. MECE 중에서 ME ^{Mutually} ^{Exclusive}(상호 배타적) 오류입니다. 동등하게 얘기하는 항목끼리는 카테고리 기준이 같아야 합니다. 겹치는 항목이 있어서는 안 되거든요. "자, 이제부터 저는 손동작과 규칙, 두 가지로 나눠서 가위바위보 게임을 설명하겠습니다. 첫째, 손동작에는 가위와…" 이렇게 이야기해야 맞습니다.

아울러 MECE의 CE $^{Collectively\ Exhaustive}$(전체 포괄)는 요소를 합쳤을 때 완전체를 이루어야 한다는 뜻입니다. 가위, 바위, 보, 이 세 가지 항목을 합치면 완벽하게 게임의 모든 손동작이 되지요. 가위바위보 게임에서 손가락 하트와 같은 추가 동작은 없습니다. 하지만 "자, 이제부터 가위바위보 게임의 손동작을 설명해드리겠습니다. 크게 두 가지가 있습니다. 첫 번째는 가위, 두 번째는 바위입니다." 이렇게 말한다면 듣는 사람은 갑자기 응? 하는 반응을 보이게 됩니다. 무언가 분명히 빠진 것 같은 거죠.

다음 그림을 보시면 MECE에 대해 좀 더 쉽게 이해가 갈 겁니다.

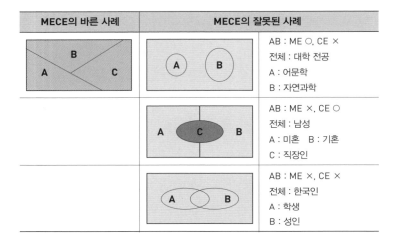

MECE의 바른 사례	MECE의 잘못된 사례	
		AB : ME ○, CE × 전체 : 대학 전공 A : 어문학 B : 자연과학
		AB : ME ×, CE ○ 전체 : 남성 A : 미혼 B : 기혼 C : 직장인
		AB : ME ×, CE × 전체 : 한국인 A : 학생 B : 성인

　　실제 기획서를 보면 ME를 틀리는 경우보다 CE가 문제인 경우가 훨씬 많습니다. 이쯤에서 앞서 말씀드렸던 스타트업 창업 활성화 예시를 다시 꺼내 보겠습니다.

　　"우리나라 스타트업 창업을 활성화하기 위해 세 가지 전략을 세우고자 합니다. 첫째, 교육을 강화하겠습니다. 둘째, 유통 채널을 넓히겠습니다. 셋째, 정부의 공영 홈쇼핑에서 스타트업 창업 제품 우선적으로 배치하겠습니다."

　　자, 이제 뭐가 이상한지 바로 보이시지요? 먼저 ME가 틀렸습니

다. 세 번째의 정부 공영 홈쇼핑 제품 배치는 두 번째 유통 채널 확대의 일부니까요.

CE도 틀렸습니다. 교육과 유통 채널을 확대하기만 하면 스타트업 창업이 활성화되는 건가요? 이런 의미에서 CE를 점검하는 건 앞에 설명한 로직 트리의 So What-Why So 방식의 So What(그 결과 무엇이 되는가?)과도 결을 같이 합니다.

"(Why So) 스타트업 희망자 및 초기 창업자를 위해 교육 프로그램을 만들겠습니다. 그리고 정부 공영 홈쇼핑 등 다양한 유통 채널을 활용해 유통을 지원하겠습니다. (So What) 결론적으로 말씀드리면 이 두 방법을 통해 스타트업 창업은 활성화될 겁니다."

틀린 말은 아닐지언정, 해결책이 지극히 빙산의 일각에 불과한 걸 보실 수 있지요.

뇌가 편안한 방식으로 구성하다   97

프레임워크를 기억하되 자기만의 언어로 바꾸다

MECE를 나누는 데 정답은 없습니다. 다만, 다른 사람에게 전달할 때는 자기만의 언어와 방식으로 바꾸시길 추천합니다. 뻔한 표현 방식으로 전달하다 보면 신선한 아이디어조차 낡아 보이니까요. 가령, 다음과 같은 경우입니다.

"저희는 이 안건을 SWOT 분석하고자 합니다."
"저는 이 문제를 4P(마케팅의 4요소인 제품, 가격, 유통경로, 판매촉진) 관점으로 바라봤습니다."

도입부를 듣는 순간 한숨이 나오거든요. 웬만한 리더들은 이런 표현을 수백 번은 들어봤을 겁니다. 신입사원 연수 발표회 같은 느낌이랄까요. SWOT이나 4P 등의 프레임워크는 고민 과정에서 활용하되 직접적인 언급은 지양하는 것이 좋습니다. 즉, MECE는 정확하게 나누되 자기만의 언어로 표현해주세요. 저는 다음과 같은 전달 방식이 훨씬 매력적이더라고요.

"저희는 A 제품 매출 증대를 위한 홍보 전략을 제안하고자 합니다. 대상 고객을 네 가지로 분류했습니다. 저희 제품을 전혀 들어

보지 못한 그룹, 들어보았으나 구매 경험이 없는 그룹, 구매한 경험은 있으나 재구매로 이어지지 않은 그룹, 지속해서 구매하는 충성 그룹입니다. 맞춤형 홍보 전략이 필요한 시점입니다."

"세상에는 두 가지 규제가 있습니다. 좋은 규제와 나쁜 규제입니다. 좋은 규제는 건널목과 신호등을 만드는 것, 공정한 시험이나 시합 제도를 만드는 것, 국민의 건강을 위해 유해 물질을 못 쓰도록 감독하는 것 등입니다. 하지만 오늘 얘기하려는 건 나쁜 규제입니다. 나쁜 규제는 세 가지 종류가 있습니다. 첫째…."

한 가지 더 조언을 드리자면, MECE의 기준은 꼭 서두에 언급하는 게 좋습니다. 어떤 기획서는 MECE도 맞게 덩어리를 나눴고 나름대로 자기만의 언어로 바꾸기도 했는데 초반에 해당 내용을 말하지 않아서 논리에 온갖 구멍이 있는 것처럼 들리거든요.

"A 제품의 매출 하락에 대해 세 가지로 대응하려고 합니다. 먼저 홍보 채널을 세대별로 다양화하겠습니다. 두 번째, 공통 매뉴얼을 만들어 매장 직원 교육을 강화하겠습니다. 세 번째, A/S를 모바일로 편하게 신청할 수 있도록 하겠습니다."
"잠깐, 왜 하필 그 세 개를 고른 겁니까? 무슨 기준이에요? 갑자기 너무 뜬금없는 제안 아닌가요?"

상대방의 부정적인 반응을 보는 순간 기획자의 머릿속은 하얘집니다. 사실 기획자는 '소비자의 구매 흐름'을 시간별로 덩어리 짓고 난 후 각각에 대응하는 대표적인 해결 전략을 세웠었습니다. 하지만 초반에 설명을 생략하는 바람에 상대방을 혼란스럽게 했습니다. 만약 이렇게 얘기하면 어땠을까요?

"A 매출 하락에 대해 소비자의 구매 흐름에 따라 나누어 대응하고자 합니다. 즉 소비자 구매 전, 구매하는 시점, 구매 후에 따른 방안을 고심했습니다. 먼저 소비자가 구매하기 전의 문제점과 대응 전략입니다. 저희 조사에 따르면…(각각의 가장 큰 문제점인 홍보, 매장 직원 교육, A/S 문제를 언급)."

"

덩어리로 묶으면
많은 문제가 단순해집니다.

덩어리를 묶을 때
미씨MECE를 꼭 기억하세요.

각 항목끼리는 독립적이어야 하고
(Mutually Exclusive)

항목을 합치면
전체가 되어야 합니다
(Collectively Exhaustive).

"

뇌가 편안한 방식으로 구성하다

우뇌를 이용해
기획하다

꽂히는 컨셉

설득은 가만히 있고 싶어 하는 뇌를 흔드는 과정

설득은 상대방의 머리와 마음을 움직여서 '당신 말대로 그게 중요한 것 같네. 어디 한번 해볼까?'라는 반응을 끌어내는 것입니다. 그런데 이 반응은 결코 쉽게 일어나지 않습니다. 우리의 몸과 마음은 아이작 뉴턴의 운동 법칙을 성실하게 따르거든요.

제1법칙: 관성의 법칙

외부에서 가해지는 힘이 없을 때, 물체는 운동 상태를 유지한다.

무슨 말일까요? 가만히 놔두면(외부에서 가해지는 힘이 없다면) 아무것도 변화시키고 싶어 하지 않는다는 의미입니다. 지금의 상태도 나쁘지 않은데 왜 굳이 일을 벌이겠어요? 안 그래도 신경 쓸 게 많은 뇌는 일 벌이는 걸 아주 질색합니다.

그러니 우리의 설득은(기획서, 제안서 등) 가만히 있고 싶어 하는 제1법칙의 본능을 제2법칙으로 갈 수 있도록 돕는 매력적인 '외부의 힘'이 되어야 합니다.

제2법칙: 가속도의 법칙
외부에서 가해지는 힘은 물체의 운동 상태를 변화시킨다.

단순하고 꽂히는 컨셉이 사람을 움직인다

"That's one small step for a man, one giant leap for mankind."
(이것은 한 명의 인간에게는 작은 발걸음이지만,
인류에게는 위대한 도약이다.)

미국 우주비행사 닐 암스트롱^{Neil Armstrong}이 1969년 7월 20일 인류 최초로 달에 발자국을 남긴 이후에 한 유명한 말입니다. 케네디^{John F. Kennedy} 대통령이 외친 인류의 달 탐사 계획은 노련한 정치인들뿐 아니라 과학계와 일반 국민의 가슴을 두근거리게 했습니다. 케네디 대통령은 "우리는 달에 갈 것입니다. 왜냐하면, 어려운 일이기 때문입니다."라는 도전적인 연설로 미국인들의 가슴에 불을 지폈습니다.

사실 '인류를 달에 보내기' 프로젝트는 돈이 무척이나 많이 드는 사업이었습니다. 1973년 NASA 발표에 따르면, 아폴로 프로그램에 투입된 예산은 약 254억 달러였습니다. 피부에 와 닿지 않을 수 있으니 부연 설명을 하자면, 당시 대한민국 GDP가 약 139억 달러였으니 나라 두 개의 1년 치 생산을 일개 프로젝트 하나에 쏟아부은 셈입니다. 지금 생각하면 '거의 미친 짓' 수준이었죠.

하지만 아폴로 프로그램은 미국인에게 어떤 역경을 딛고라도 달성해야 하는 도전이 되었고, 1963년 케네디 대통령의 암살 이후에도 계속 이어졌습니다. 정권이 바뀌어도 투자를 계속 쏟아부어서(물론 우여곡절은 많았지만) 결국 프로젝트에 성공했지요.

어떻게 가능했을까요? 미국에서도 저소득층 문제, 인프라 구축 등 세금이 필요한 곳은 잔뜩 있었는데 말이죠. 만약에 케네디 대통령이 다음과 같이 제안했다면 반응이 어땠을지 생각해보세요.

"미국의 우주 항공 산업을 세계 최고 수준으로 만들겠습니다."

아마 우리가 연초에 정부의 국정 운영 계획을 들을 때와 다르지 않았을 겁니다. 기억에 남지 않았겠죠. 우리는 10년 전 계획은 커녕 올해 들은 계획도 기억하지 못합니다. 항공 산업을 세계 최고 수준으로 만든다고요? 정확히 무슨 의미인지 감도 안 올뿐더러 도대체 나와 무슨 상관인가 싶습니다. 게다가 거기에 쏟아붓는 돈으로 빈곤 상태인 수십만 가정을 지원할 수 있다면 피켓을 들고 반대 시위를 할지도 모르죠.

영리하게도 케네디 대통령은 추상적인 문장 대신에 뇌에 확 꽂히는 컨셉을 선택합니다.

"경쟁자(소련)보다 먼저 인류를 달에 보내겠다. 달을 정복한 최초의 지구인은 미국인이라고 역사에 길이 남게 하겠다."

물론 이보다 세련되고 순화해서 얘기했습니다만, 듣는 미국인들은 이렇게 받아들였습니다. 그러니 갑자기 달 프로젝트가 남의 얘기가 아니게 된 거죠. 평생 쇼트트랙 경기장 한 번 안 가보고 선수들 이름조차 모르는 사람들도 동계 올림픽 시즌이 되면 누구보다 경기를 열렬히 응원하는 것처럼, 미국인은 한 팀이 되어 달 프로젝트를 응원하기 시작한 겁니다.

케네디가 미국인을 설득한 '꽂히는 컨셉'

달 프로젝트가
나와 무슨 상관이지?

달을 정복한 최초의
지구인은 미국인이 된다!

그래서 결정적으로 뭐가 좋다는 거야?

자신의 기획이나 제품에 대해 외부 관계자에게 한 시간 동안 열변을 토했음에도 불구하고 상대방이 도통 못 알아들어 속이 터지는 경험, 다들 한 번쯤은 해보지 않으셨나요?

　"우리가 판매하는 W 건강 주스는 까다롭게 엄선한 원료를 가지고, 신선하게 가공하였을 뿐 아니라 깊은 풍미를 추가하였습니다. 이걸 드시면 건강에 좋을 뿐 아니라 세련된 라이프 스타일의 주인공이 될 수도 있습니다. 제조기업도 아주 건실합니다."
　"그래서 결정적으로 뭐가 좋다는 거예요?"

뭐가 좋다니요? 지금까지 설명한 걸 귓등으로 들은 게 아니라면 도대체 왜 저런 바보 같은 질문을 하는 걸까요? 문제가 무엇일까 고민하는 기획자, 영업 담당자라면 답은 간단합니다. 상대방에 머릿속에 꽂힐 어떤 매력적인 정보도 전달하지 않았기 때문입니다. 당연히 멀쩡하고 좋은 제품이겠지만 유사한 제품은 백 개도 넘어요. 그리고 구매를 권하는 담당자들은 모두 제품을 칭찬하기 때문에 의미 있는 정보라고 받아들이기 어렵습니다. 제품을 홍보하면서 이렇게 말하는 사람은 없으니까요.

"W 건강 주스는 싸구려 원료를 가지고, 위생 관리라고는 전혀 없는 곳에서 가공했을 뿐 아니라 냄새도 고약합니다. 먹으면 건강에 좋지 않을 것 같아요. 제조기업은 언제 사고 칠지 모르고요."

실제로 우리가 어필하는 요소들은 상대방의 기대나 관심을 충족시키지 못할 때가 많습니다. 좌판식 미사여구에 불과한 정보들을 잔뜩 늘어놔봤자 듣는 사람은 여전히 설득이 안 됩니다. "왜 해야 하는지 모르겠는데요."라는 속 터지는 반응이 나올 수밖에요. 그러니 기획서에는 머리에 꽂히는 한 가지 강렬한 컨셉이 있어야 합니다. 만약 아래처럼 얘기하면 어땠을까요?

"W 건강 주스는 유럽인들이 마시는 '홍삼'이에요. 이 기업은 우리나라의 '정관장' 격이고요. 유럽인 세 명 중 한 명이 건강을 위해 어린아이부터 노인까지 이 음료를 마십니다."

'유럽인의 홍삼이라니! 정관장이라니!'

만약 제가 기업의 구매 또는 유통 부서에 있다면 눈이 번쩍할 거예요. 그리고 매우, 주의 깊게 이 담당자의 설명을 경청할 겁니다.

> 우리의 몸과 마음은
> 뉴턴의 운동 법칙을
> 충실히 따릅니다.
> 외부의 힘이 없는 한
> 그저 가만히 있고 싶어 합니다.
>
> 기획서를 통해
> 상대방을 설득해서 움직이려면
> 단순하고 게으른 뇌를 흔들 만큼
> 매력적인 힘이 존재해야 합니다.
>
> 머리에 꽂히는
> 강렬한 컨셉처럼 말이에요.

우뇌를 이용해 기획하다

낡은 내용을
새롭게 변화시키다

일상의 재발견

연초마다 찾아오는 사업계획 스트레스

이 글은 연간 사업을 기획해야 하는 실무자나 책임자급을 위해 쓰겠습니다. 연말이 되면 본부마다, 팀마다 새로운 사업계획을 세워야 합니다. 이미 배정된 일상 업무만도 산더미 같은데, 경영진에서는 새로운 기획안을 내라고 닦달하니 괴로워요.

연간 사업 계획은 경영진에게도 꽤 스트레스입니다. 제가 아는 경영진 대부분이 토로하는 고충을 얘기해보겠습니다. 경영 회의에서 피를 토하는 심정으로 조직의 새로운 사업 방향을 설명하면 실무 책임자급 모두 열정적으로 고개를 끄덕인다고 합니다. 그런데 막상 얼마 뒤에 가져온 사업계획을 보면 맨 위에 사업목표와 주요 제목은 시킨 대로 한 게 맞는데 구체적인 내용은 기존 걸 그대로 들고 온다는 겁니다. 불같이 화를 내고 반려시키면 다시 해오기는 하는데 좀 더 정교하게 감췄을 뿐 결국 새로운 시도 없이 재탕 사업투성이라는 군요.

대통령조차 비슷한 고충을 호소합니다. 각종 지시를 내리면 정부 부처에서 '말씀대로 이행했다'라는 결과보고서가 올라오는데, 원래 하던 업무의 포장만 바꾼 경우가 허다하다고 해요. 즉 하나도 바꾸지 않은 거지요. 임기 중반을 넘어가면 대통령이 수석회의에서 초조감을 표출하는 게 괜히 그러는 게 아닙니다.

하지만 우리가 어떻게 매번 새로운 사업을 추진하겠어요? 불가능하죠. 이럴 땐 앞에서 배운 기획의 기술을 활용해 평범한 일상 업무를 새롭게 보이도록 살짝 바꿔보면 어떨까요.

1. 기존 사업을 포스트잇(화이트보드)에 펼쳐봅니다.

먼저 포스트잇과 화이트보드를 준비합니다. 화이트보드에 기존 사업의 큰 묶음(굵직한 사업목표 또는 목표 프로젝트)을 제목으로 쓰고, 아래에는 이미 했거나 해야 할 업무들을 적습니다. 아직 사업계획을 세우기 전이라면 작년 실적 기술서를 참고해서 적으면 됩니다. 다 적었다면 1차로 준비가 끝난 겁니다.

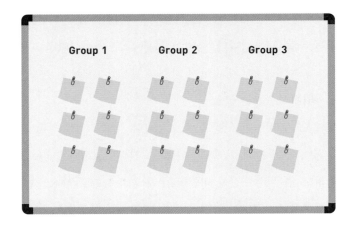

2. WHY, 즉 이 일을 왜 하는가를 고민합니다.

인사교육팀의 예를 들어보겠습니다. 인사교육팀의 존재 가치는 뛰어난 실적을 낼 수 있는 인재들을 뽑고, 그들이 재능을 발휘하며 잘 일할 수 있도록 돕는 겁니다. 그런데 지금 회사는 기존 주력 사업이 사양세로 접어들면서 매출과 시장 점유율이 꾸준히 줄어들고 있는 상황입니다. 새로운 사업 진출이 필요한 시점이죠.

그래서 올해 사업계획 방향을 '회사를 성장시킬 재능 있는 인재들을 데려오고 키우자'로 잡아야겠다고 정했다고 해봅시다. 회사가 AI 트렌드에 맞춰 빅데이터 분석을 통한 맞춤형 소비 예측 서비스와 원격 의료 서비스에 진출하려고 애쓰고 있으니까요. 그러면 여기에 최적화된 인재가 필요하겠지요.

3. 뇌가 좋아할 만한 직관적이고 인상적인 이름을 지어줍니다.

직원 만족도 제고, 인사 평가 시스템 개선, 채용 홍보 강화 같은 낡은 사업계획은 쓰지 맙시다. 일하는 사람도, 보고 받는 사람도 지루합니다. 시작하기도 전에 의욕이 떨어질 판이에요. 대신, 회사의 미래 신사업인 맞춤형 소비 예측 서비스와 원격 의료 서비스를 성공시킬 '최적화된 인재 ○○○명'을 양성하겠다고 적어보세요. 신규 채용과 맞춤형 교육을 통해 회사가 사활을 걸고 있는 신사업에 최적화된 인재를 뒷받침하겠다고 말입니다. 머릿속에 딱 꽂힐 인상적인 네이밍은 추가로 고민해봅시다.

4. 업무를 재배열하고, 사람·시간·공간·과정 등을 살짝 비틉니다.

1번 단계에서 펼쳐놨던 업무들을 묶을 차례입니다. 새로 이름 붙인 '최적화된 인재 ○○○명' 목표를 달성하기 위한 3대 분야 또는 4대 분야를 선정합니다. 이 분야는 Why-How 방식, So What-Why So 방식 등을 활용하여 로직 트리를 만들어 찾습니다. 여러 번 강조했듯이 MECE가 정확히 지켜지는지 점검합니다.

이제 새로운 사업목표와 세부목표가 세워졌습니다. 그 밑에 채용 설명회, 신입 및 경력 채용, 신입사원 교육, 기존 임직원 교육,

1단계 : 업무를 재배열하기

사내 강좌, 직원 포상 등 기존의 일상 업무들을 넣습니다.

이제 기존 업무를 조금 새롭게 바꿔보겠습니다. 가장 손쉽게 하는 방법은 대상(사람)을 살짝 뒤트는 방식입니다. 홍보팀은 기존에 일간지 중심의 취재 기자를 대상으로 홍보했다면, 이번에는 인플루엔서나 찐 팬들이 모인 커뮤니티로 타깃으로 바꿀 수 있습니다. 사람은 연령대, 성별, 구매 경험, 지역, 구매패턴 등으로 다양하게 쪼갤 수 있으므로 방향을 트는 것도 수월합니다.

프로젝트가 식상해보이지 않도록 시도할 수 있는 방법은 많습니다. 공간, 시간, 과정 등 기존 프로젝트와 다르게 보이게 할 수 있는 요소는 곳곳에 있거든요. 늘 해오던 장소를 바꾸거나, 시간대나 날짜(계절)를 바꾸거나, 과정을 살짝 뒤트는 것 등이 있겠습니다. 예를 들어, 인사팀의 경우 학교 건물에서 오프라인으로 하던 채용설명회를 SNS 라이브 채용 멘토링 프로그램으로 바꿔서 운영하는 것도 충분히 새로운 시도입니다.

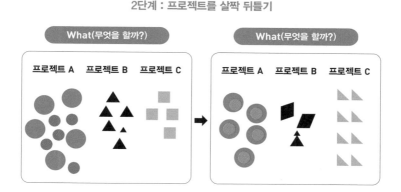

2단계 : 프로젝트를 살짝 뒤틀기

5. 20%의 새로운 요소를 추가합니다.

앞에서 경영진은 포장만 바꾼 사업계획에 넌더리를 내고 있다고 말씀드렸죠? 그러니 기존 사업을 기반으로 하되 20% 새로운 사업을 추가해보세요. 새로운 영역을 개척하는 것은 기존에 하던 사업을 반복하는 것보다 항상 후한 가산점을 받으니까요. .

새로운 것 20%를 추가할 때는 자잘한 걸 늘리기보다는 올해의 핵심 사업을 돋보이게 할 큼직하고 눈에 띄는 프로젝트를 1~2개

3단계 : 기존 사업 80%에 새로운 것 20% 추가하기

What(무엇을 할까?)

프로젝트 A   프로젝트 B   프로젝트 C

+   20%

추가하는 것이 좋습니다. 동시에, 기존 사업 중에서 올해의 우선순위에서 밀리는 업무를 20% 이상 덜어내는 것을 잊지 마시고요.

새로운 요소는 20% 정도만 되더라도 충분합니다. 이미 기존 사업의 대상, 공간, 시간, 과정 등을 살짝 비틀어서 다르게 만들었으니까요. 전반적으로는 절반 가까이 새롭게 시도하는 셈입니다.

주의할 점은 20%를 늘리라는 의미가 새로운 사업을 시도하라는 뜻이지, 양을 늘리라는 게 아님을 잊지 마세요. 연간 열 번 하던 채용설명회를 열두 번 한다고 해서 20% 새로운 걸 추가했다고 생각하는 사람은 아무도 없답니다.

일상의 업무를
펼치고, 쪼개고, 새로 네이밍한 후,
재구성해 봅시다.

그리고
대상, 공간, 프로세스, 목적 등을
살짝 비틀면
새로운 사업계획이 됩니다.

원래 완벽히 새로운 기획이란
존재하지 않으니까요.

낡은 내용을 새롭게 변화시키다

업무의 좌표를
표시하다

프로젝트 관리|Project Management

현재 스코어를 수시로 체크한다

저는 세금 계산에 서툰 편입니다. 사람들은 소득 구간을 낮춰서 세율을 낮추기 위해 신용카드 소득공제를 부부 중 소득이 더 낮은 사람에게 몰아준다든지, 전략적으로 소득공제 상품들에 가입하는 노력을 합니다. 그런데 저는 그런 계산을 해본 적이 없습니다. 그 냥 기부금, 보험, 카드 사용명세서 등의 자료를 홈텍스 등에서 내려받아 담당자에게 제출할 뿐입니다. 그러니 연말정산 환급날은 항상 로또를 확인하는 기분이었어요. 어떨 때는 많이 환급받고 어떨 때는 덜 받으니까요. 정확히 왜 그런지는 모른 채로요.

그런데 실적을 이렇게 연말에 가서야 펼쳐보면 곤란합니다. 실적 성과를 낼 수 있는 기간이 다 지나고 난 다음에 계산하면 늦으니까요. 연말에 실적을 적다 보면 목표 사업 중에 어느 분야는 쓸 게 넘치고, 다른 것은 빈약해서 곤란했던 경험이 있으시지요? 그래서 이름을 슬쩍 바꿔서 다른 사업 밑에 넣기도 합니다. 또는 소소한 실적을 확대 포장하면서 평가자가 눈치 못 채기만을 속으로 바라지요.

이러면 제 연말정산과 비슷하게 됩니다. 어느 때는 좋은 평가를, 어느 때는 별로인 결과를 받겠지요. 그러나 주도적으로 컨트롤하는 게 아니니 그저 운에 맡겨야 할 겁니다. 열심히 일하다 보면 어느 해는 목표에 들어맞는 실적을 내기도 하겠지만, 또 어느 해는 구멍이 뻥 뚫려 있을 테니까요.

나만의 상황판을 만들다

우왕좌왕 되는 대로 일하지 않으려면 자신이 지금 어디에 서 있는지를 정확히 아는 것이 매우 중요합니다. 노련한 경험과 탁월한 감으로 파악하는 사람도 있겠지만, 누구나 그런 경험과 감각을 지닌 것은 아니죠. 그러니 자신만의 상황판을 만드는 게 좋습니다.

상황판 : ①프로젝트 관리(현재) + ②실적 집계(누적)

상황판은 두 가지 요소로 구성됩니다. 첫째, 흐름 중심의 프로젝트 관리입니다. 현재 진행하고 있는 주요 프로젝트를 시각적으로 정리해서 진행과 완료 상황을 점검하는 겁니다. 둘째, 결과 중심의 실적 집계입니다. 연초에 세운 사업목표에 맞춰서 실적을 적게 됩니다. 자세히 설명해볼게요.

먼저 '프로젝트 관리'는 현재 진행되고 있는 업무별로 현황과 진행 사항을 관리하는 방식입니다. 특별한 양식이 필요한 건 아니니 자신에게 편안한 도구를 선택하면 됩니다. 클라우드로 관리하는 게 가장 편리하긴 한데, 요즘은 보안상의 이유로 많은 회사에서 외부 클라우드 접근을 막는 경우도 있어서 어떨지는 모르겠네요. 시중에 출시한 프로젝트 관리 도구를 이용해도 되고, 엑셀이나 워드, 한글 문서 또는 에버노트Evernote 같은 문서 앱에 자기만의 양식을 만들어서 관리해도 됩니다. 저는 오랫동안 에버노트와 워드를 번갈아 사용했는데 현재는 노션Notion을 주로 이용하고 있습니다.

각 프로젝트가 현재 어디까지 와 있는지 파악하는 게 프로젝트 관리라면, 올해 나 또는 우리 부서가 지금까지 무엇을 했는지를 파악하는 게 '실적 집계'입니다. 대부분의 직장인은 프로젝트 관리는 잘 하지만 매주, 매월 누적해서 실적 집계를 하는 경우는 거의 없는 것 같아요. 습관으로 만드시길 추천드립니다.

연간 실적 기술서를 매주 조금씩 완성해나간다

실적 집계과 업무 일지를 헷갈리는 분들이 계신데 둘은 엄연히 다릅니다. 완료 업무 리스트가 실적은 아닙니다. 아래 그림을 보면 이해가 쉬울 겁니다. 왼쪽 업무 일지 그림처럼 한 일을 주르륵 빼곡히 적는 게 아니라, 오른쪽 그림처럼 원래 목표로 했던 사업에서 얼마만큼 했는지 매주, 매월 기록하는 겁니다. 실제 연말에 작성하는 양식에 맞춰서 빈칸의 내용을 점점 채워가는 방식으로요.

업무 일지 vs. 실적 집계

업무 일지

7월
○○○투자기관 미팅
¼분기 투자 보고서 검토 의견 제출
연구용역 보고서 1차 점검 회의
대만 출장 준비 – 현지 미팅 기관 섭외 완료
언론 보도 – 일간지 3회 보도
:
:

실적 집계

프로젝트 A   **프로젝트 B**   **프로젝트 C**

앞의 실적 집계 그림을 자세히 봐주시겠어요? 현재를 상반기가 막 지난 7월이라고 가정해보겠습니다. 프로젝트 A는 원활히 진행되고 있고, 프로젝트 B는 거의 안 되어 있다는 걸 알 수 있습니다. C는 성과가 넘치는군요. 그러니 하반기는 프로젝트 B에 집중하든지, 아니면 리더와 상의 후 B를 버리고 프로젝트 C를 두 그룹으로 나눠서 B를 대신하든지를 결정해야 합니다.

회사마다 실적기술서 양식이 있지요? 제가 다닌 회사는 연초에 4개 대표 프로젝트와 세부 목표 사업들을 정하고, 연말에 각 대표 프로젝트별로 1페이지, 즉 4페이지 실적을 정리해 제출해야 했습니다. 저는 항상 연초부터 비어 있는 4페이지의 실적 기술서를 미리 만들어 그 곳에 채워나갈 내용을 조금씩 업데이트했습니다.

매일, 매주 하지 않아도 괜찮습니다. 세부적인 사항까지 완벽하게 적을 필요도 없습니다. 그저 제목이라도 적어놓으면 어디가 균형이 어그러졌는지 금방 알 수 있습니다. 이런 활동은 특히 다음 분기에 집중해야 하는 사업을 판단하는 데 유용합니다.

분기별로 부서원과 공유를 한다면, 부서원도 본인의 빈약한 분야가 어딘지 금방 눈치챌 수 있습니다. 나름대로 중요하다고 생각했던 프로젝트가 부서 전체로서는 '기타 사업'의 한 줄 수준의 실적으로 표시가 되는 걸 보며 일하는 방향을 수정하기도 합니다. 자연스럽게 업무 피드백과 코칭이 되는 셈이지요.

20△△년 프로젝트 현황

1. 20△△년 사업목표

프로젝트명	사업목표 및 주요 추진사업		
프로젝트 A	1)	2)	3)
프로젝트 B	1)	2)	3)
프로젝트 C	1)	2)	3)

2. 진행 상황

프로젝트명	진행 상황
프로젝트 A	
프로젝트 B	
프로젝트 C	

3. 실적

프로젝트명	실적
프로젝트 A	매주 누적
프로젝트 B	매주 누적
프로젝트 C	매주 누적

현재 어디에 있는지 알지 못하면
불안한 마음에
자꾸 업무를 추가합니다.

자신의 상황판을 만들어서
주기적으로 좌표를 해석하는
습관을 지니세요.

Part II. 단순하게, 기획하다

나의 커리어를
기획하다

핵심 프로젝트 Core Project

거래비용을 최소화하려는 욕구

사람들은 왜 학위와 자격증을 선호할까요? 상대방의 역량을 알기까지는 오랜 시간이 걸리기 때문에, 공증된 학위와 자격증을 보며 대신 판단을 맡기고 싶어 하기 때문입니다. 거래비용 transaction cost을 최소화하려는 노력인 셈이지요.

거래비용이 상승하는 주요 요인은 정보의 비대칭입니다. 예를 들어, 회계팀 직원을 뽑을 때 지원자가 얼마나 숫자감각을 갖고 있는지 검증하기는 쉽지 않습니다. 경력 이력서를 보더라도 어디까지가 진짜이고 과장인지 의문이 들죠. 하지만 지원자가 회계학 전공에 회계사 자격증까지 있으면 판단에 대한 부담을 한결 덜 수 있습니다. 숫자감각은 공식적으로 검증되었다고 볼 수 있으니까요. 우리 조직에 잘 맞는 사람인지만 중점적으로 살펴보면 됩니다.

우리는 하루 동안에도 수없이 많은 판단을 내리며 살아갑니다. 생선 한 마리를 사는 것조차 판단이 필요하죠. 저는 생선 전문가가 아니므로 해산물을 살 때는 대형 마트를 선호하는 편입니다. 해산물에 대장균이 우글거릴지 여부를 겉으로 봐선 알기 어렵잖아요. 시간이 부족한 저는 해산물을 열심히 공부하는 대신, 전문성을 가지고 위생 환경을 책임질 담당자와 시스템이 있는 곳을 선택합니다. 최소한 제가 그 해산물을 먹고 토사곽란으로 응급실에 실려가면 해당 마트에서 병원비를 내줄 테지요. 이 역시 거래비용을 최소화하려는 저의 노력입니다.

회사의 핵심목표를 겨냥하라

회사에서 연말 실적을 평가할 때도 거래비용을 최소화하려는 경향은 이어집니다. 실적 성과의 우위를 골치 아프게 고민하는 대신 기억에 남는 인상 깊은 프로젝트를 기획한 사람에게 마음이 쏠려요. 우리들은 연말에 1년 동안 고생하면서 이룬 사업 성과를 빼곡히 적곤 합니다. 실적 기술서만 읽어보면 모든 직원이 S를 받을 자격이 있어 보여요. 그러면 경영진이나 부서장은 어떻게 할까요? 일일이 직원들과 심층 면담을 하고, 실제 성과를 면밀하게 살펴볼까요? 그토록 훌륭한 경영진이 있다면 놀라운 일입니다. 그런데 직원이 천 명이 넘어가면 어떻게 해야 할까요? CEO가 매년 두 달은 실적 평가에만 매달려야 할 겁니다. 말이 안 되지요.

그럼 어떻게 실적을 평가할까요? 누구를 승진시킬까요? 우리 기대와 달리 대단히 체계적이지는 않습니다. 회사에서 직원을 뽑을 때도 그렇잖아요? 서류와 필기, 실무 면접까지는 계량지표로 평가하지만, 마지막 임원 면접은 사소한 요소들로 합격자와 불합격자가 나뉩니다. 누가 봐도 합격할 만한 사람과 떨어질 사람은 각각 20% 수준입니다. 나머지 60%를 가르는 건 한끗 차이지요.

첫째 , 올해 회사 목표에 기여도가 높은 쪽이 우선입니다.

올해 회사 3대 목표 중 하나가 글로벌 네트워크 확장이었다고 해봅시다. 그러면 해당 목표에 크게 기여한 기획 및 담당자가 가장 높은 평가를 받습니다. 기여도가 높다면 분야는 상관없습니다. 해외 파트너 MOU 체결이든, 홍보 채널 확장이든, 공장 설립이든, 신규 유통 채널 확보든 말이에요. 이 상황에서 고객 불만 클레임 10% 감소와 같은 실적은 우선순위에서 밀려나기 마련입니다.

둘째. 기억에 남는 실적과 사람이 우선입니다.

기억에 남는 사업을 진행한 사람이 많은 결실을 가져갑니다. '온라인 고객 확보를 위한 다양한 홍보 지원', '고객 만족 제고를 위한 제도 개선' 등이 빼곡히 적힌 문구는 별 감흥이 없습니다. 수십 개세부 프로젝트가 적혀 있어도 이게 업무 일지인지, 사업 실적인지 잘 모르겠습니다. 팀장은 팀원이 무슨 일을 했는지 대부분 파악하고 있지만 위로 올라갈수록 사업을 직접 보지 못합니다. 그러니 서류로 판단할 수밖에 없는데, 딱히 기억에 남지 않고 들어본 적도 없는 사업이라면 좋은 평가를 주기 어렵죠.

굵직한 기획이 모여서 나의 경력이 만들어진다

우리는 걸핏하면 딴짓하려는 게으른 상대방의 뇌를 상대하는 사람들입니다. 거래비용을 최소화하려는 이유도 '골치 아프게 고민하기 싫다'라는 단순한 이유 때문이니까요. 그러니 1년 동안 무엇을 했나WHAT 하는 질문을 받았을 때, 한 마디로 뇌에 꽂히는 대답을 할 수 있는 프로젝트를 기획하는 데 전력을 쏟아야 합니다.

"그래서 이 사람이 1년 동안 뭘 했지?"

"올해 ○○○ 사업을 김 대리가 했잖아요."

"아, 그거! 덕분에 거래처 앞에서 어깨에 힘 좀 줬지." (또는) "맞아 그거. 김 대리가 주니어 연차인데 정말 센스 있게 일 잘하더라고. 고객 반응도 정말 좋았어. 홍보도 많이 됐지?"

이런 걸 기획한 사람이 S와 A를 가져갑니다. 절대적인 업무량으로 치면 옆 동료가 더 많이 했을 수도 있지요. 하지만 회사 실적이 무게를 달아서 파는 곡식도 아닌데 양 많다고 감탄할 경영진은 없습니다. 쓸데없는 일만 잔뜩 했다고 핀잔받지 않으면 다행입니다.

"좁쌀 서 말 굴리는 것보다 호박 한 개 굴리는 게 낫다."

제가 존경하는 CEO가 임원들에게 항상 강조하던 내용입니다. 그러니 지금 당장 종이를 집어 들고 고민을 시작하시기 바랍니다. 개인이라면 '올해 나의 대표 브랜드가 될 사업이 뭐지?', 부서라면 '올해 대표로 내세울 호박 한 개 사업이 뭐지?'를 정하셔야 합니다. '이것도 했고, 저것도 했고, 엄청 바빴어요!'라는 말은 하는 사람도 듣는 사람도 구차합니다.

일 잘하는 사람들은 호박 한 개를 기획하고 만들어가는 데 1년을 사용합니다. 당연히 굵직한 대표 브랜드 프로젝트는 더 좋은 조건의 회사로 이직할 때 더욱 빛을 발합니다.

좁쌀 서 말보다
호박 한 개가 낫습니다.

호박 한 개에 해당하는
자신의 브랜드 사업을
기획해야 합니다.

이력서에 적을 만한
굵직한 기획은
커리어에 큰 힘이 됩니다.

일 잘하는 사람은 단순하게 합니다

단순하게 / PART III / 글을 쓰다

무엇을 쓰든 짧게 써라.
그러면 읽힐 것이다.

명료하게 써라.
그러면 이해될 것이다.

그림 같이 써라.
그러면 기억 속에 머물 것이다.

— 조지프 퓰리처 Joseph Pulitzer (현대 저널리즘의 창시자) —

직장의 글쓰기는
원래 어렵다

글쓰기 3대 분야

돈 내고 쓰는 학교의 글쓰기 vs. 돈 받고 쓰는 직장의 글쓰기

저희 아버지는 스마트폰은 그럭저럭 사용하시지만, 컴퓨터와는 영 친숙하지 않습니다. 그래서 저에게 대신 정보 검색을 시키시는 경우가 종종 있지요. 아버지에게는 어려운 일이지만 저는 몇십 분이면 할 수 있는 일이라 대부분 기꺼이 찾아드립니다. 하지만 제가 절대 해드리지 않는 일이 있습니다.

"부부동반 모임에서 해외여행을 가려고 하는데, 어디가 좋을지 한번 찾아볼래?" 또는 "이번 명절에 1박2일 정도 지인들과 여행 갈 곳이 어디 없을까?"

오, 이런 질문을 받는 많은 효자 효녀 분들. 재빨리 도망치세요! 결코 부모님을 만족시킬 수 없을뿐더러 수차례 실랑이 끝에 결국 부모님께 화를 내고 있는 자신을 발견할 겁니다. 해외여행과 1박 2일 여행의 선택지는 너무, 정말 너무나 많으니까요. 저는 이 경우에 살짝 미소 지으며 대답합니다.

"일단 모임 분들끼리 상의하셔서 가고 싶은 곳과 날짜를 정하시면 그때 제가 좋은 상품들을 종류별로 찾아드릴게요."

물론 나라가 정해진 후에도 상품은 수백 가지가 있지만, 부모님들은 대부분 패키지여행 애호가시고, 선호하시는 여행사는 두세 곳입니다. 그중 가격과 포함 혜택을 상세하게 적은 5~10개 후보군을 고르면 됩니다. 한 페이지 요약본을 만드는 건 필수죠. 그 뒤에는 여행사가 열심히 만들어 놓은 상품 설명서를 인쇄해서 붙이면 됩니다. 저는 두 시간 정도의 노력을 통해 '역시 키워놓은 보람이 있는' 딸내미로 등극합니다.

회사의 일, 특히 글쓰기도 이런 식입니다. 정보가 없는 게 문제가 아니라 많은 정보 중에 무엇을 써야 할지 도저히 감이 안 오는 게 문제입니다. 컴퓨터 화면의 커서가 깜빡이는 걸 바라보면서 한숨을 쉬는 날들이 얼마나 많은가요.

이걸 선택하면 다른 것이 빠졌다고 한소리 들을 것 같고, 다 쓰려니 엄두가 안 납니다. 썼다 지웠다를 반복하며 고작 2페이지를 채우느라 야근하는 자신을 보면 자괴감이 듭니다. 분명히 대학교 때는 20페이지 리포트도 거뜬하게 썼는데 도대체 왜 이러는 걸까요? 게다가 간신히 작성해서 가면 상사는 첫 줄부터 마지막 줄까지 꼼꼼하게도 지적합니다. 이 과정을 세 번쯤 반복하다 보면 세상에서 가장 무능한 사람이 된 듯한 자괴감이 들어요.

학기 말에 수십 페이지 리포트를 몇 개씩 쓰던 사람이 회사를 들어가면 갑자기 글쓰기 능력이 퇴보하는 걸까요? 그렇지 않습니다. 걱정하지 마세요. 직장의 글쓰기는 학교의 글쓰기와 관점이 달라서 연습하고 적응하는 데 시간이 걸리는 것뿐입니다.

학교의 글쓰기 vs. 직장의 글쓰기

학교의 글쓰기	직장의 글쓰기
I	YOU
• '내가 얼마나 알고 있나?'가 중요! • 내 생각(주장)이 얼마나 논리적인지 어필하는 게 관건	• '상대방이 무엇을 알고 싶어 하는가?'가 중요! • 내 생각(주장)이 상대방에게 얼마나 도움이 될지 어필하는 게 관건

차이가 보이시나요? 학생 때는 '내가 얼마나 알고 있고, 내 생각이 얼마나 논리적인지 어필하는 게 관건'이었지만 이제는 중심축

Part III. 단순하게, 글을 쓰다

이 바뀌었습니다. 상대방으로요. 그러니 간단한 현황 보고서를 가지고, 또는 기획서를 가지고 머리를 쥐어뜯는 분들, 안심하세요. 잦은 야근과 숏폼 중독 때문에 머리가 나빠진 것도(아, 약간의 영향은 있습니다), 나이가 들어서 센스가 떨어진 것도 아닙니다. 아직 상대방 중심으로 글을 쓰는 게 익숙하지 않아서 그래요. 비싼 돈을 내면서 제출한 학교의 내돈내산 글쓰기와 돈을 받으며 쓰는 지금의 글쓰기가 다른 건 당연하잖아요?

월급을 최저임금 수준으로 받는다고 가정해도, 하루를 꼬박 써서 작성한 문서의 가격은 약 10만원입니다. 일주일 내내 작성한 기획서라면 50만 원의 가치가 있어야겠네요. 이 글을 읽으시는 분들은 대부분 최저임금보다 더 많이 받는 직장인이시겠지요. 지금 일주일 동안 쓰신 그 보고서는 50만 원이 훌쩍 넘는 보고서입니다. 갑자기 종이 쪼가리의 무게감이 느껴지시지 않나요.

왜 쓰는지 처음부터 알고 시작하자

정보의 홍수 속에서 단순하게 글을 쓰려면 '왜 쓰는지' 처음부터 알고 써야 덜 고생스럽습니다. 많은 책들에서는 회사에서 사용하는 문서를 크게 기획서, 계획서, 제안서, 보고서로 꼽고 있습니다.

회사마다 사용하는 지칭이 다르므로 저는 좀 더 일상 용어로 나눠 볼게요. 글의 목적에 따라 직장의 글쓰기는 다음의 세 가지로 구분됩니다. 정보 전달, 설득, 메시지 전달, 이렇게 말이에요.

첫 번째, '정보를 전달하는 목적의 글쓰기'는 가장 간단하고 일반적으로 많이 쓰는 형태입니다. 매출 보고서, 1/4분기 예산 집행 보고서, 임직원 교육 커리큘럼 및 수료 사항 등 대부분의 현황 보고서가 여기에 해당합니다.

두 번째, '설득을 위한 글쓰기'는 기획서, 제안서, 계획서 등을 의미합니다. 첫 번째 글쓰기가 '현재의 상태'에 초점을 맞추고 있다면, 설득하는 글쓰기는 '미래의 행동'에 초점을 맞추고 있습니다. 따라서 문제점을 발견하는 분석력과 뻔하지 않은 해결책을 제시하는 감각이 중요하죠.

마지막으로 '메시지 전달을 목적으로 하는 글쓰기'는 홍보자료(보도자료, 광고 문구 등), 연설문(제품 발표회, 고객 대상 CEO 레터 등) 같은 글쓰기입니다. 다수를 대상으로 하는 글이므로 핵심 키워드를 잘 뽑고, 스토리로 자연스럽게 녹여내는 능력이 중요합니다. 문장력을 기준으로 하면 가장 고난도입니다.

목적에 맞게 쓰지 않으면 두 번 일한다

팀장이 '이번 달 임직원의 교육 프로그램 수료 현황'을 가져오라고 했다고 가정해봅시다. 특별한 이유가 없는 한 목표 수료율 대비 현재 어느 정도까지 진척이 되었는지, 작년과 비교했을 때 문제는 없는지, 개입이 필요할 만큼 수료율이 떨어지는 사람들은 누구인지 정도가 궁금할 겁니다.

그런데 의욕에 불타는 직원이 교육 프로그램 현황은 10% 정도로 간략히 언급하고, 회사 교육 연수의 장단점 분석과 향후 전략 방향을 제안한 기획서를 들고 가면 어떻게 될까요? 자그마치 일주일을 고민한 끝에 말이에요. 노력은 가상하지만, 결국 비싼 돈 들여 일주일 동안 예쁜 쓰레기를 만든 셈입니다. 심지어 팀장이 궁금해 하는 내용은 제대로 들어 있지도 않은 판이라 다시 하라는 말을 듣기 십상이에요. 즉, '정보 전달을 목적으로 하는 글쓰기'를 해야 했는데, 목적을 제대로 파악하지 못해 '설득을 위한 글쓰기'를 쓰면서 오버한 경우입니다.

반대의 경우도 마찬가지입니다. 회사의 이커머스 판매 전략을 짜오라고 했는데 국내외 산업 현황, 강점과 약점, 주요 이커머스 기업 특징 등만 100페이지를 써 가면 그건 현황 파악 보고서지 기획서(또는 제안서)가 아닙니다. 설득을 목적으로 하는 글쓰기는 미래 행동을 바꾸는 전략에 초점을 맞춰야지, 상황 중계만 해서는 아무 일도 일어나지 않습니다.

실제로 각종 제안사항을 가지고 정부와 국회를 찾아오는 많은 사람들이 유사한 실수를 합니다. 정성스럽게 만든 건의자료를 가져와서 열심히 설명하지만 상대방의 반응은 기대와 다릅니다.

"(제안서를 다 읽은 공무원이) 그래서 저희가 무엇을 하면 되죠?"
"제가 이렇게 자세히 현실을 말씀드렸지 않습니까! 어떻게 해야 하는지는 저보다 더 잘 아실 것 아닌가요?"
"…. 모르겠는데요."

실제로 꽤 자주 일어나는 패턴의 대화입니다. 상대방을 설득하러 와서 정보(현재 상황)만 잔뜩 적은 보고서를 내미는 거죠. 듣는 사람은 황당합니다. '그래, 중요하다는 건 이제 알겠어. 그래서 뭘 해달라는 거지?' 하지만 한 시간이 넘도록 상대방은 '무엇'에 대한 언급은 제대로 하지 않습니다. 설마 바쁜 상대방에게 방법까지 생각하라는 건 아니겠지요. 하지만 놀랍게도 대부분이 이런 식의 제안서를 내밀고, 아무것도 얻지 못한 채 빈손으로 돌아갑니다.

" 학교의 글쓰기는
나의 지식과 생각을
효과적으로
보여주기 위한 것이라면

직장의 글쓰기는
상대방이 원하는 것을
효과적으로
알려주기 위한 것입니다.

무게 중심이
나에게서
상대방으로 바뀝니다.

그래서 더 어렵습니다.

직장의 글쓰기는
고객이 존재한다

상대방 중심의 글쓰기

모두를 위한 보고서는 없다. 슬프게도

홍 대리는 팀장이 사이코 같다고 생각합니다. 불과 지난주에는 보고서에 제대로 된 근거 자료가 없다고 불평하더니, 이번 주에는 정신 사납게 근거 자료를 잔뜩 써놨다고 지적합니다. 도대체 어디에 장단을 맞춰야 할지 모르겠네요. 홍 대리가 컴퓨터 화면을 바라보며 한숨을 쉬자 지나가던 다정한 장 선배가 다가옵니다.

"왜, 무슨 일인데 그래요?"
"보고서 때문에요. 내일까지 써오라고 하시는데 방향을 어떻게 잡아야 할지 모르겠어요. 지난주 보고서 포맷대로 똑같이 했는데 왜 뭐라고 하시는지 모르겠어요."

"그래? 보고서는 누가 볼 건데요?"

"팀장님이죠."

"음, 팀장님이 혼자 보기 위한 개인 자료라고요? 그러면 까다롭게 굴지 않을 텐데. 팀장님도 누군가에게 보고하려고 시킨 거겠죠. 어디에 필요한 보고서인지 안 물어봤어요?"

"아뇨. 팀장님이 별 말씀 없으셨어요. 그게 중요한 거예요?"

"당연하죠. 지금 새로운 교육 프로그램 도입에 관해 쓰는 거죠? 만약 재무팀 예산을 따려고 쓰는 거라면 비용 대비 효과가 얼마나 좋은지 강조해야지요. 또, 도입하고 나서도 잔여 예산이 넉넉할 거고 궁극적으로는 비용이 절감되는 거라고 덧붙여야 하고요. 만약 노조 위원회에 보낸다면 직원 복지에 기여할 뿐 아니라 업계 평균보다 과감하고 획기적인 투자라고 써줘야죠. 경영자에게 보내는 보고서라면 회사가 가진 비전과 핵심 경쟁력에 교육이 어떻게 기여할 수 있는지를 강조해야 하고요."

"어…. 그런 거예요? 그럼 좋은 점을 다 쓰면 어때요?"

"과감한 투자이자 최대한 저렴하게 만든 비용이라고요? 장점을 다 쓰는 순간 보고서가 온통 모순투성이가 될걸요."

내가 쓰는 보고서의 최종 소비자가 누구인가?

알록달록한 정육면체 큐브는 각 면이 다른 색깔로 되어 있습니다. 보는 방향에 따라 초록색 또는 노란색으로 보이겠지요. 이 큐브는 빨간색이 중요하다, 노란색이 중요하다 언쟁할 필요가 없습니다. 그저 방향에 따라 다른 것뿐이니까요.

회사 보고서도 마찬가지입니다. 최종 소비자가 누구인지에 따라서 보고서를 노란색으로 할지, 파란색으로 할지 정해야 합니다. 사실을 왜곡하거나 정보를 의도적으로 숨기라는 의미가 아니에요. 상대방이 가장 궁금하거나 필요한 것, 그리고 우리가 제일 먼저 말해주고 싶은 핵심을 정해서 전면에 내세우라는 겁니다.

경영진 보고 자료인데 세부 현황을 지나치게 나열하거나 실무 용어나 줄임말을 잔뜩 쓴다면 곤란하겠죠. 또, 다른 기관과 협상하는 본부장을 위한 자료라면 공격과 수비를 잘할 수 있는 객관적 데이터를 가능한 한 많이 만들어야지 두루뭉술한 말만 적어서는 안 됩니다. 그러니 직장 사수가 시키든, 팀장이 시키든 처음부터 제대로 물어봅시다. 이 질문이 일을 1/10로 줄여줍니다!

"어디에 필요한 건가요? (누가 요청한 건가요?)
= 이 글의 최종 소비자가 누구인가요?"

하고 싶은 얘기가 아니라, 듣고 싶어 할 얘기를 쓰자

대학원에서 지도교수님이 해준 얘기가 있습니다.

"석사 논문은 학문적으로 거의 가치가 없어. 그런데 논문을 쓴 졸업생과 수료생을 다르게 대하는 이유가 뭔 줄 알아? 첫째는 연구 주제를 기획해서 끝까지 완료하는 과정을 훈련했다는 거야. 그리고 둘째는 아무리 아까운 자료라도 주제에 맞지 않으면 전부 버리는 연습을 했다는 거지."

직장의 글쓰기도 마찬가지라고 생각합니다. 아무래도 자신 있게 말할 수 있는 내용 위주로 쓰고 싶게 마련입니다. 게다가 고생해서 만든 표나 분석 자료라면 꼭 보고서에 넣고 싶죠. 마음은 충분히 이해합니다만, 오늘부터 그 마음을 살포시 내려놓으시길 바랍니다. 전체적인 내용과 겉돌면 당연히 빼야 합니다. 아웃라이어 outlier가 여러 개 나타나는 순간 전체 보고서의 논점이 이상해지거든요. 아까워서 놔뒀다간 곧장 이런 얘기가 나올 거에요.

"도대체 이 보고서가 하려는 얘기가 뭐에요?"

영혼을 갈아 넣어 만든 보고서를 100페이지나 만들고 나서 듣기엔 충격적인 말이지요. 그러니 전체 논점과 일치하지 않는 근거나 사례는 아까워하지 말고 빼세요.

> 똑같은 주제라도 상대방에 따라
> 글의 논점이 달라져야 합니다.
>
> 직장의 글쓰기는
> 명확한 대상이 있습니다.
> 그리고 많은 경우 그 대상은
> 우리에게 일을 시킨 사람이 아닙니다.
>
> 진짜 최종 고객을 찾으세요.
>
> 결국, 우리의 글은
> 그 최종 고객이 만족할 때까지
> 수정을 반복할 테니까요.

한 줄로
요약하다

정보 전달을 위한 글쓰기

작성자의 설명을 들어야 이해되는 보고서는 실패다

직장의 글쓰기는 정보를 전달하는 현황 보고서가 많습니다. 양과 빈도수 측면에서요. '1/4분기 실적 자료', '임직원 AI 교육 프로그램 이수 현황', '신상품 소비자 평가 결과' 등 주제와 분량은 다양합니다. 사실 여기에는 대단한 기술이 필요하지 않습니다. 기존에 해왔던 양식을 받아서 차분하게 채워나가면 충분합니다.

중요한 점은 첫 줄만 읽어도 상대방이 궁금해하는 내용을 알 수 있도록, 그리고 별도의 설명이 없어도 이해할 수 있도록 작성해야 한다는 겁니다. 작성자가 말로 설명해야 비로소 이해할 수 있는 보고서는 너무 복잡하거나 잘못 썼다는 의미입니다.

부서원이 다음과 같은 보고서를 가져왔다고 해봅시다. 매우 성의있게, 정성스럽게 만든 표라는 건 알겠는데 무슨 얘기인지 전혀 모르겠습니다. 왼쪽 그래프와 오른쪽 표는 도대체 무슨 상관일까요? 왼쪽 그래프의 중간에 재화 시장이 다른 색으로 강조되어 있

재화 시장별 소비자 시장성과지수 결과

		전체 시장 대비	재화 시장 전체 대비	총 KCMPI 평균평점지수
전체 시장	78.1			
화장품	80.3	▲2.2	▲1.7	102.8
환경가전, 공기청정기	79.6	▲1.5	▲1.0	101.8
TV	79.5	▲1.4	▲0.9	101.7
컴퓨터, 노트북	79.4	▲1.3	▲0.8	101.6
의류(외의)	79.3	▲1.2	▲0.7	101.5
분유	79.2	▲1.1	▲0.6	101.4
신차	78.9	▲0.8	▲0.3	101.0
기저귀	78.8	▲0.7	▲0.2	100.9
휴대폰단말기	78.6	▲0.5	0.0	100.6
재화 시장	78.6	▲0.5	–	100.6
운동화	78.6	▲0.5	0.0	100.5
애완동물	78.4	▲0.3	▼0.2	100.4
건강기능식품	78.4	▲0.3	▼0.2	100.3
중고차	78.3	▲0.2	▼0.3	100.2
OTC 의약품	78.2	▲0.1	▼0.4	100.1
육류 및 육류가공품	78.2	▲0.1	▼0.4	100.1
교구 및 완구	78.0	▼0.1	▼0.6	99.9
빵 및 케이크류	77.8	▼0.3	▼0.8	99.6
가구류	77.5	▼0.6	▼1.1	99.2
소형가전	77.4	▼0.7	▼1.2	99.1
대형가전	76.3	▼1.8	▼2.3	97.6

* 한국의 소비자 시장평가지표 개선 및 생산 연구(한국소비자원)

는데 과연 무엇을 의미하는 걸까요? 재화는 별도 항목으로 표기되어 있는데 그래프에 같이 나온 TV, 운동화 같은 물품들 역시 모두 재화라고 부르지 않나요? 오른쪽에 전체 시장 대비, 재화 시장 대비, 평균 평점이라는 세 가지 기준이 있는데 각기 다른 메시지를 보여주고 있습니다. 무엇을 기준으로 삼아 판단해야 하는 건지요? 어디까지가 좋고, 어디서부터 나쁜 건가요? 아니면, 모든 항목이 양호한 건가요?

작성자가 설명해주기 전까지는, 그리고 매우 집중해서 듣기 전까지는 이해할 수 없을 것 같습니다(저는 이 보고서를 비판하려는 게 아닙니다. 해당 보고서는 500페이지 수준의 전문 연구용역이고, 일반 독자용이 아니라 업계의 데이터 및 추이 정보를 축적하기 위한 것입니다).

요약은 글 전체의 이정표다

제가 우리의 고객님(주로 상사)은 늘 피곤하고 산만한 상태라고 말씀드렸지요. 인내심은 기름종이 수준으로 얇팍합니다. 회사의 앞날을 결정하는 중대한 일도 아닌 고작 현황 보고자료에 이해력을 총동원해서 집중할 리가 없죠. 그러니 한눈에 궁금한 걸 알아볼 수 있도록 써줍시다.

정보 전달을 위한 글쓰기 기본 구성

제목
제목에 대한 답변 : 요약 (2~3줄)

A항목 : 한 줄 요약
근거 자료

B항목 : 한 줄 요약
근거 자료

C항목 : 한 줄 요약
근거 자료

　　많은 분이 의외로 안 하시는데 제목 밑에 요약 칸을 만들면 정말 좋습니다. '1/4분기 매출 현황 보고서'가 100페이지가 된다고 해도 결국 궁금해하는 내용은 몇 줄이면 충분합니다. '지난 분기 대비(작년 동기 대비) □□ 상승(하락). 세부적으로 A 영역 ○○, B 영역 △△, C 영역 ○○ 상승(하락).' 이 정도면 보고서를 요청한 궁금증

은 일차적으로 해결됩니다. 세부 항목을 쓸 때도 제목만 덜렁 쓰고, '궁금하면 밑에 세부내용을 찬찬히 읽어보시지' 하는 식으로 쓰지 마시고 세부 항목 옆에도 요약을 적어주시면 좋습니다. 전체 요약 박스와 각 소제목만 읽어도 보고서 전체 내용이 파악되게 만들면 특별한 설명이 없이도 명쾌하게 메시지가 전달됩니다.

한 줄 요약은 말로 하는 보고에서도 효과적이다

전체 요약 박스와 세부 항목 덩어리별 요약을 넣는 방식은 상사에게 대면 보고를 하는 상황에서 더욱 빛을 발합니다. 안타깝게도 많은 직장인이 보고서를 들고 이런 식으로 얘기하거든요.

"신 팀장, 무슨 일이죠?"

"네, 본부장님. 요청하신 1/4분기 매출 현황 가져왔습니다."

"(읽으면서 눈에 안 들어오자, 또는 곧 나가야 해서 짐을 챙기면서) 매출 실적이 어떻던가요?"

"네, 먼저 1페이지부터 말씀드리겠습니다. 이번 매출 현황을 조사한 대상은 총 3,200개 점포이고, 조사 방식은 저희 부서에서 여러 전문가에게 의뢰한 조사표를 응답하는 방식으로⋯."

"지금 시간이 없으니 자세한 내용은 나중에 읽어볼게요. 그래서 1/4분기 매출이 어떻다고요?"

"아⋯. 3페이지를 보시면 됩니다."

"어디?"

"3페이지요. 여기요. 세 번째 단락입니다."

이렇게 장황하게 늘어놓는 순간 이미 실패입니다. 평소 '전체 요약 + 소제목별 요약 한 줄'로 보고서를 쓴다면 보고할 때도 이 요약만 읽으면 충분합니다.

"신 팀장. 무슨 일이죠?"

"네, 본부장님, (제목) 1/4분기 매출 현황 보고서 가져왔습니다. (전체 요약) 1/4분기 전체 매출은 ○○억 원으로, 지난 분기 대비 17% 올랐습니다. 작년 동기 대비도 21% 증가한 수치입니다. (첫 번째 소제목 요약) 지역별로는 서울 및 수도권의 매출 증가가 두드러지는데 32% 올랐습니다. (두 번째 소제목 요약) 연령대로는 주요 고객층인 30대와 40대의 구매 비율이 70%에 달했습니다. (세 번째 소제목 요약) 성별은 여전히 여성 고객이 82%로 다수를 차지하지만, 남자 고객 증가율이 가파르게 올라가는 추세입니다."

보고서의 요약 부분을 손으로 짚어주면서 얘기하면 더 효과적

○○팀 ¼분기 매출 현황 보고

- 1/4분기 매출은 OO억원으로 기대 성과 부응
  ※ 지난 분기 대비 17%, 작년 동기 대비 21% 증가
- 주요 고객의 특징은 #수도권 #30·40대 #여성

[지역 분석] 서울 및 수도권의 매출이 32% 증가

근거 자료

[고객 분석 ①연령] 30대·40대 구매가 다수(70%)

근거 자료

[고객 분석 ②성별] 여성 다수(82%), 남성 증가율 ↑

근거 자료

입니다. 엘리베이터를 같이 타고 가며 30초 안에 짧게 보고할 때
도 전혀 문제가 없습니다. 사실 '전체 요약 + 소제목별 요약 한
줄'을 제대로 한 보고서라면 따로 말로 보고할 필요가 없습니다.
그냥 쓱, 보기만 해도 필요한 정보를 바로 알 수 있으니까요.

자, 이제부터는 이런 보고서를 상사의 손에 살포시 쥐여주고 우
리는 빨리 퇴근합시다.

Part III. 단순하게, 글을 쓰다

"

작성자의 설명을 들어야만
비로소 이해되는 보고서는
너무 복잡하게 썼다는 말과
다름없습니다.

한 줄 요약은
친절한 이정표입니다.

전체 요약 박스와
소제목별 요약 한 줄은
아무리 심오한 보고서라도
직관적으로 이해할 수 있게 합니다.

"

한 줄로 요약하다

100장 보고서도
1장으로 그리다

설득을 위한 글쓰기

나의 보고서를 자세히 보는 사람은 나뿐이다

미국의 사회 심리학자 로버트 자이언스^{Robert Zajonc}는 처음에는 별로라도 자꾸 보면 호감도가 상승한다는 단순 노출 효과^{mere exposure effect} 이론을 제시했습니다. 나태주 시인의 '자세히 보아야 예쁘다, 오래 보아야 사랑스럽다. 너도 그렇다'는 시구절도 비슷한 맥락이라고 생각합니다. 사람이든 상품이든 찬찬히 여러 번 보다 보면 숨겨진 매력을 발견하기 마련이니까요.

하지만 직장의 글쓰기는 이런 법칙을 기대할 수 없습니다. 상대가 여러 번 봐주지도, 자세히 봐주지도 않습니다. 상사든 클라이언트든 일반 소비자든 말이에요. '내가 얼마나 열심히 썼는데 너무해!'라고 생각하시는 분은 예전에 수능의 언어 영역 지문으로 나왔던 아래의 글을 찬찬히 읽어주시길 바랍니다.

집중해서 읽어보세요

역사가 신채호는 역사를 아^我와 비아^{非我}의 투쟁 과정이라고 정의한 바 있다. 그가 무장 투쟁의 필요성을 역설한 독립운동가이기도 했다는 사실 때문에, 그의 이러한 생각은 그를 투쟁만을 강조한 강경론자처럼 비춰지게 하곤 한다. 하지만 그는 식민지 민중과 제국주의 국가에서 제국주의를 반대하는 민중 간의 연대를 지향하기도 했다. 그의 사상에서 투쟁과 연대는 모순되지 않는 요소였던 것이다. 이를 바르게 이해하기 위해서는 그의 사상의 핵심 개념인 '아'를 정확하게 이해할 필요가 있다.

신채호의 사상에서 아란 자기 ㉠본위에서 자신을 ㉡자각하는 주체인 동시에 항상 나와 상대하고 있는 존재인 비아와 마주 선 주체를 의미한다. 자신을 자각하는 누구나 아가 될 수 있다는 상대성을 지니면서 또한 비아와의 관계 속에서

비로소 아가 생성된다는 상대성도 지닌다. 신채호는 조선 민족의 생존과 발전의 길을 모색하기 위해 《조선 상고사》를 저술하여 아의 이러한 특성을 규정했다. 그는 아의 자성自性, 곧 '나의 나됨'은 스스로의 고유성을 유지하려는 항성恒性과 환경의 변화에 대응하여 적응하려는 변성變性이라는 두 요소로 이루어져 있다고 하였다. 아는 항성을 통해 아 자신에 대해 자각하며, 변성을 통해 비아와의 관계 속에서 자기의 식을 갖게 되는 것으로 ⓒ설정하였다. 그리고 자성이 시대와 환경에 따라 변화한다고 하였다.

읽으면서 저는 적어도 세 번 이상 딴생각이 들었습니다. 역사가 신채호 선생이 역사를 아我와 비아非我의 투쟁 관점으로 본 것을 잘 설명해주는 지문이고, 자그마치 대학수학능력시험에 채택될 정도로 잘 정돈된 글인데 말입니다.

1페이지 조감도로 설득하라

직장의 글쓰기가 이렇듯 찬찬히 읽어봐야 이해되는 글이라면 곧

란합니다. 특히 설득을 위한 기획서를 쓰고 있다면 더 큰 일입니다. 한 장 안에 하고 싶은 얘기를 모두 담지 못하면 상대방은 이미 딴생각을 하고 있습니다. A4 용지는 생각보다 큽니다. 그 한 장을 다 채우고도 생각을 보여주지 못한다면 생각 정리가 덜 된 거겠지요. 그걸 상대방에게 가져가봤자 우물쭈물하다가 "그래서 하고 싶은 얘기가 뭐에요?" 식의 면박만 당할 가능성이 큽니다.

이제부터는 한 장으로 정리한 조감도로 상대방을 설득합시다. 한 장 안에 담아야 할 필수 내용은 무엇일까요? 회사들이 선호하는 많은 논리 전개 방식이 있습니다. 조금만 검색해도 관련 자료가 주르륵 나옵니다. 회사 특성과 개인 선호에 따라 분석 프레임으로 린 캔버스Lean Canvas, 4C Customer, Company, Competitor, Channel, 4P Price, Product, Place, Promotion, SWOT Strength, Weakness, Opportunity, Threat 등을 선택할 수도 있습니다. 앞에서 기획 부문에서 언급한 로직 트리도 유용합니다.

다양한 분석 프레임을 사용하여 생각을 다각도로 펼친 다음에는 Why-What-How-Expectation(왜-무엇-어떻게-기대)으로 주장을 깔끔하게 정돈해봅시다. 왜 이 문제가 중요한지, 구체적으로 무엇을 어떻게 바꾸려고 하는지, 그게 어떤 변화를 가져올 지 차근차근 작성합니다. 상대방을 설득하기 위한 글쓰기의 초점은 한 가지라는 걸 기억하세요. 우리는 이 제안이 왜 상대방에게 도움이

설득을 위한 글쓰기의 논리 흐름 – 1페이지 조감도

제목

WHY

당신(회사)에게 중요한 일을 발견했어요.

WHAT

당신의 문제를 해결할 방법(전략, 계획, 상품 등)을
찾았습니다.

HOW

구체적 실행은 이렇게 해보려고 합니다.

EXPECTATION

당신의 문제(니즈)를 해결하고,
지금보다 더 좋아질 거라고 확신해요.

되는지를 효과적으로 설득하기 위해 글을 쓰는 겁니다.

이 과정에 빈틈이 생긴다면 듣는 사람의 머리는 복잡해집니다. '왜 많고 많은 문제 중에 하필 지금 이걸 해야 하지? 아니, 이게 문제가 맞긴 맞는 거야?', '그래서 결론적으로 뭘 하자는 거야?', '계획은 좋은데 과연 실행할 수 있을까? 허황된 계획만 내세운 거 아니냐?', '돈이 많이 들면 어떻게 하지?', '좋은 제품(전략)인 것 같기는 한데 과연 나한테도 좋은 게 맞을까?'

1페이지 조감도의 순서와 형식을 꼭 앞의 그림대로만 해야 하는 건 아닙니다. 제안 내용과 상대방의 특성에 따라 얼마든지 달라질 수 있습니다. Why와 Expectation을 묶을 수도 있고, What과 How를 합칠 수도 있습니다. 또한 Expectation을 먼저 말하고 What을 나중에 얘기할 수도 있습니다. 그러나 어떤 경우에도 상대방이 궁극적으로 궁금해하는 네 가지 영역은 모두 대답하고 있어야 합니다. 한 장으로요.

나를 제외한 누구도
내 글을 자세히,
여러 번 봐주지 않습니다.
한눈에 쏙!
그러곤 평가를 시작합니다.

설득의 글쓰기는
왜 이게 상대방에게 도움이 되는가를
한 장으로 보여줄 수 있어야 합니다.

한 장에 정리가 안 된다는 건
생각 정리가 덜 된 것입니다.
100장을 써도 소용없습니다.

글을
덩어리 짓다

메시지 전달을 위한 글쓰기

스토리의 힘

지금까지 정보 전달을 위한 글쓰기, 설득을 위한 글쓰기에 대해 살펴봤습니다. 세 번째는 메시지 전달을 위한 글쓰기입니다. 홍보자료(보도자료, 광고 문구 등), 연설문(제품 발표회, 고객 대상 CEO 레터 등) 등이 여기에 속하죠.

홍보부서가 아니라면 홍보자료나 연설문을 쓸 일이 많지 않겠지만 그렇다고 이 글쓰기를 못해도 된다는 뜻은 아닙니다. 유려한 문장이나 민감한 표현 수정은 홍보팀이 도와주더라도 기본적인 콘텐츠는 관련 부서에서 제공해줘야 합니다. 담당자가 제일 잘 아니까요. 예를 들어, 새로운 제품을 고객에게 소개할 때, 회사의 새로운 그라운드룰을 직원들에게 발표할 때, 처음 작성해야 하는 사람은 해당 부서 담당자입니다.

이 유형의 글쓰기에서 가장 기억해야 할 단어는 '스토리'입니다. 메시지를 듣는 청자는 우리의 글을 무심한 태도로 읽기 때문이죠. 여러분은 평소에 모바일 뉴스의 문장 하나하나를 정독하시나요? 저명한 인사의 유튜브 강의를 바른 자세로 앉아 집중해 들으시나요? 아닙니다. 주요 키워드와 전반적인 인상만 기억합니다.

따라서 이 글쓰기는 스토리를 탄탄하게 구성하는 능력과 단어 하나하나 섬세하게 고르는 문장력이 필요합니다. 그래서 입사 10년 차가 넘어도 보도자료 3장, 연설문 5장을 쓰려면 일주일을 끙끙대며 스트레스를 받곤 합니다. 문장력은 단번에 좋아질 수 없어서 시간과 연습이 필요하지요. 하지만 효과적인 메시지 전달을 위한 필수적인 골격은 누구나 금방 익힐 수 있습니다.

1+3 규칙 : 하나의 메시지(또는 키워드) + 세 개의 스토리

이 구조가 가장 편안합니다. 100장의 슬라이드가 넘는 PPT 강연 자료도 이 1+3(하나의 메시지와 세 개의 스토리) 원칙을 지켜야 지루하지 않습니다. 많은 강연, 특히 한국 고위층의 연설이 유독 재미

없는 이유는 많은 정보를 좌판처럼 어수선하게 펼쳐놓기 때문입니다. 하고 싶은 말이 많더라도 핵심 메시지와 덩어리 스토리 구조로 전달해야 합니다. 연설의 교과서처럼 여겨지는 스티브 잡스의 스탠퍼드대 연설도 이 방식을 따르고 있습니다.

스티브 잡스의 스탠퍼드대 연설문 구조

[핵심 메시지] 정말 좋아하는 일을 찾으세요. You've got to find what you love.
1. 점을 연결하는 것
어린 시절 입양 경험, 대학 자퇴, 서체 교육, 맥 컴퓨터 활자술 적용
2. 사랑과 상실
애플에서의 해고 경험, 픽사 설립, 사랑하는 아내와 결혼
3. 죽음
췌장암 판정, 인생의 시간을 낭비하면서 살 수 없다는 깨달음
[핵심 메시지] 정말 좋아하는 일을 찾으세요. Stay Hungry, Stay Foolish.

많은 사람들이 잡스의 스탠퍼드대 연설 영상을 감동적으로 보았지만(수십 번 본 사람도 많습니다), 대부분이 또렷하게 기억하는 건 하나입니다.

"Stay hungry, Stay foolish"

이 문장은 잡스가 원조가 아님에도 불구하고 그의 인생 스토리와 함께 강력한 메시지의 힘을 보여주었습니다. 잡스는 평생 그 문장대로 살았던 인생의 세 가지 사건, 심지어 남에게 얘기하기 껄끄러운 사업 실패와 질병 얘기를 담담하게 나누었습니다. 얘기를 듣다 보면 그에 대한 호불호는 차치하고라도, 정말 파란만장한 삶을 살았다며 고개를 끄덕이게 됩니다. 그러고 나서 잡스가 앞으로도 진심으로 좋아하는 일을 갈망하면서, 바보같이 살겠다고 선언하는 걸 보며 청중은 압도당하는 느낌을 받게 되지요.

메시지 전달을 위한 글쓰기는 결국 이 한 문장, 하나의 메시지를 찾는 싸움이라고 할 수 있습니다. 메시지를 듣고 나서 머릿속에 그게 남아야 성공입니다. 이를 뒷받침하는 세 가지 스토리는 모두 하나의 메시지와 연결되어야 하는 건 물론입니다.

강연 뿐 아니라 보도(홍보)자료 글쓰기에도 1+3(하나의 메시지+세 가지 스토리) 원칙은 중요합니다. 단순 행사 보도를 제외하면 기관의 공식 보도자료에 해당 규칙이 엄격하게 지켜지는 걸 알 수 있습니다. 보도 내용에 따라 두 가지나 네 가지 스토리를 선택할 때도 있지만 하나의 키워드를 여러 스토리가 뒷받침한다는 기본 원칙은 동일합니다.

보도자료에서 중요한 건 소위 리드문이라고 불리는 상단 상자 안의 글입니다. 핵심 메시지가 되는 제목이 맨 위에 있고, 세 가지 강조점(기자나 홍보직원들이 '꼭지'라고 부르는)이 있습니다. 기자들은 이 리드문만 읽고 기사를 쓸 건지, 무시할 건지를 결정한다고 합니다. 10초도 안 되는 시간 안에 판가름이 나는 셈이지요

**중소기업, 소상공인이 살맛나는
민생경제 실현 3대 추진전략 발표**

① 함께 줄이는 부담

　: 전기요금 특별지원(126만명) · 이자환급(228만명) 등

　소상공인 비용 지원 신속 집행

② 함께 만드는 환경

　: 선량한 소상공인 보호를 위해 미성년자 술 · 담배 판매

　제재 처분기준 개선

③ 함께 키우는 미래

　: 정부 모태기금(펀드) 1.6조원 전액 1분기 내 신속 출자,

　벤처투자 성장 전환 국면(모멘텀) 확충 달성

출처 : 2024년 중소벤처기업부 보도자료 재구성, 중소벤처기업부 홈페이지

앞의 보도자료의 핵심 메시지는 제목에서 짐작할 수 있듯이 '중소기업과 소상공인을 위한 밀착형 지원 전략'입니다. 세 가지 스토리는 ①함께 줄이는 부담, ②함께 만드는 환경, ③함께 키우는 미래로 선정했습니다. 이것만 보면 온갖 좋은 말만 하는 것처럼 맹숭맹숭해 보일까봐 '전기요금 특별지원 126만명', '모태기금 펀드 1.6조원' 등의 구체적인 숫자를 추가했습니다. 이렇게 하나의 메시지와 세 가지 스토리로 전개하니 담당자가 무슨 이야기를 하고 싶어하는지 분명히 보이지 않나요? 자, 이제 여러분들도 이렇게 쓰는 것부터 시작하시면 됩니다.

참고할 만한 보도(홍보)자료가 필요하다면 공공기관 홈페이지에 들어가보시길 바랍니다. 다양한 자료를 읽으실 수 있을 거예요. 언론사가 아닌 이상 일반 직장인이 회사의 보도자료 원본을 보기는 쉽지 않습니다. 기업과 가장 유사한 버전은 산업통상자원부, 중소벤처기업부지만 다른 공공기관 중에서도 잘 쓰는 곳이 많습니다. 기획재정부나 문화체육관광부도 잘 쓰는 편입니다.

물론 기업 중에서도 잘 쓰는 곳은 많습니다. 삼성전자나 네이버 같은 회사의 홈페이지에서 미디어, 또는 언론 보도 카테고리를 확인하면 됩니다. 기자용 배포 자료보다는 간단하겠지만 보도자료의 기본적인 규칙을 익히는 데는 꽤 도움이 될 거예요.

"

메시지를 위한 글쓰기에서는
하나의 핵심 메시지를
찾는 일이 관건입니다.

세 가지 스토리는 모두
정확하게 핵심 메시지를
향하고 있어야 합니다.

연설의 교과서처럼 여겨지는
스티브 잡스도
이 구조를 충실히 따랐습니다.

"

글을 어지럽히는
나쁜 습관을 경계하다

불규칙성과 권총

보고서의 불규칙성은 글을 망치는 주범

인터넷 검색창에 '강박증 유발 사진'이라고 치시면 옆 쪽과 같은 사진들이 주르륵 나옵니다. 보신 분들 많으시죠? 보고만 있어도 스트레스가 쌓이는 기분입니다. 저는 서재 책장에 책이 알록달록, 들쑥날쑥 꽂혀있어도 별로 개의치 않는 사람인데 말이죠.

회사의 문서 중에서도 유사한 강박증을 일으키는 글이 많습니다. 평소에 상사나 선배가 보고서를 읽고 한숨을 쉰 후 온갖 수정을 한다면, 보고서의 기본적인 규칙인 '이것'을 지키지 않았을 가능성이 큽니다. 바로 일관성입니다.

Part III. 단순하게, 글을 쓰다

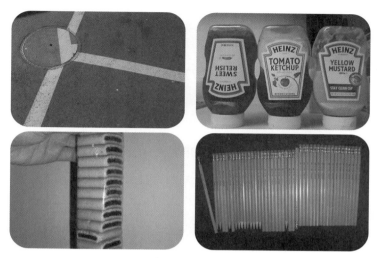

출처 : 인터넷 커뮤니티

1. 규칙 일관성

개조식, 서술식의 차이를 아시지요? 제가 지금 글을 쓰고 있는 방식은 서술식입니다. 하지만 회사에서는 소위 네모(ㅁ), 동그라미(ㅇ), 작대기(-), 별표(※ 혹은 *) 등으로 표현하는 개조식이 흔합니다. 우리가 글에서 이런 표식을 사용하는 이유는 같은 표식끼리는 같은 레벨의 얘기를 하겠다, 하위 레벨은 상위 레벨 메시지를 뒷받침하겠다, 등의 암묵적 약속이 있기 때문입니다. 그런데 많은 실무자가 소위 '의식의 흐름'대로 이 부호를 사용합니다.

> □ 병원 자율주행 딜리버리 로봇은 유망합니다.
>   - 하지만 경쟁업체의 추격으로 인해 시장 선점 효과를 놓칠 수
>   있으니 빠른 진출이 필요합니다

이렇게 쓰는 사람이 의외로 많습니다. 잘못이죠. 표식을 줄 바꾸기 신호처럼 쓰고 있습니다. 네모 아래 있는 글은 뒷받침할 이야기, 즉 로봇이 유망하다는 내용만 있어야 합니다. 경쟁업체 추격이라는 새로운 이야기를 할 거면 다시 네모로 시작해야 해요.

> □ 병원 자율주행 딜리버리 로봇은 유망합니다
>   - [시장 유망성] 시장 규모 OO, 성장성(국내+해외 데이터)
> □ 시장 선점 효과를 위해 빠른 진출이 필요합니다
>   - [선점 효과 중요성] 분석 데이터(진출 시기별 변화)
>   - [경쟁업체 추격] 실제 H 경쟁사의 사례(OO년도 출시 목표)

2. 표현 일관성

> □ 일시 : 20△△년/8월. 3일 07:30~9시

이걸 보시고 마음이 편안하시면 곤란합니다. 연월일을 표시하는데 빗금(/)으로 했다가 점(.)으로 했다가 제멋대로입니다. 그리고 '07:30~9시'을 보면 맨 처음 숫자에 영(0)을 넣었다가 뺐었다가 뒤죽박죽입니다. 아, 들어가서 고쳐주고 싶습니다.

또 많이들 하는 실수가 용어의 일관성을 지키지 않는 것입니다. 일단 한 가지 표현 방식을 선택했으면 끝까지 일관되게 같은 표현을 써야 합니다. 특히, 전문 용어나 외국어를 표기할 때 뒤죽박죽한다면 없던 강박증이 생겨날지도 모릅니다.

3. 영역 일관성

1번과 2번은 비교적 쉽게 고칠 수 있는 반면에, 영역 일관성은 좀 더 까다로운 문제입니다. 저명한 교수진에 의뢰한 몇 억짜리 연구용역 보고서에도 종종 튀어나오는 문제니까요.

글의 각 영역의 교집합이 생기면 곤란하다

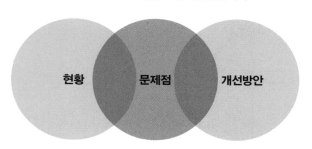

현황 문제점 개선방안

첫 번째는 그룹핑 과정에서 혼선이 생기는 경우입니다. 앞의 그림에서 보듯, '현황, 문제점, 개선방안'을 쓴다고 했는데, 객관적인 자료가 나와야 할 '현황' 파트에서 '문제점'을 위주로 서술한다거나, '개선방안'을 얘기할 때 갑자기 '문제점'의 내용을 반복합니다. 이처럼 각 영역이 분명하게 구분되지 않고 무질서하게 섞이면 읽는 사람은 괴롭습니다.

두 번째는 톤앤매너^{Ton & Manner}가 일관되지 않은 경우입니다. 기껏 A 방향으로 가자고 얘기해놓고, 사실 B 방향도 있다는 식으로 슬그머니 글을 마무리하는 경우입니다. 이건 무책임한 보고서입니다. 명확한 의사 결정이 필요한 직장에서는 더더욱 안 될 일이지요.

개를 키우라는 건지 말라는 건지 알 수 없는 보고서

개를 키우자

그런데 꼭 좋은 것만은 아니다

근거 1   근거 2   근거 3

Part III. 단순하게, 글을 쓰다

세상에 무조건 맞는 답이 어디 있겠어요. 우리는 완벽한 정답이 아니라 최선이라고 생각하는 답을 고르는 거잖아요. 그러니까 의심되는, 미심쩍은 부분이 있다면 앞부분에서 언급해야죠. 그러고 나서, 그럼에도 불구하고 최선은 A라는 논리를 충실하게 보여줘야 합니다. 이런 때도 있고 저런 때도 있으니 판단은 당신이 하세요, 라는 식으로 보고서를 쓰면 곤란합니다.

보고서 안에서 규칙, 표현, 영역의 일관성을 지키는 건 꽤 중요한 문제입니다.

"하지만, 이런 형식보다 콘텐츠가 중요한 것 아닌가요?"

이렇게 반문하는 분이 있다면, 일단은 '맞습니다!'라고 열렬히 호응하고 싶네요. 선물도 그렇잖아요? 영화에서나 보던 1kg짜리 골드 바를 준다면 신문지에 싼들, 휴지에 싼들 무슨 상관이겠어요. 그렇게 말씀하시는 걸 보니 정말 우리의 심장을 두근거리게 할 멋진 콘텐츠가 있으신가 보군요. 그렇다면 오늘 아침에 주문한 아메리카노와 함께 받은 냅킨에 써주셔도 됩니다.

권총이 나왔으면 총을 쏘아야 한다

러시아 작가 안톤 체호프^{Anton Chekhov}가 제시한 유명한 극의 이론이 있습니다. 설정 덕후들 사이에 밑밥 이론이라고도 불립니다.

"1막에 권총을 소개했다면 3막에서는 쏴야 한다.
안 쏠 거면 없애버려라."

보고서도 마찬가지입니다. 소위 '밑밥'을 깔고 나서 중간과 결론에서 나 몰라라 하면 곤란합니다. 제안배경^{WHY}에서 '○○가 문제'라고 엄숙하게 시작하고 나서 뒷부분의 제안^{WHAT}에선 전혀 다른 얘기를 한다면 황당하겠죠. 또는 제안^{WHAT}과 방법론^{HOW}이 따로 움직인다면 신뢰감이 없어집니다.

예를 들어 바이오산업 발전 방향 보고서를 야심차게 쓴다고 해볼게요. 앞에 제안 배경은 국내 산업 현황을 분석하고 해외 사례를 벤치마킹하여 멋지게 작성했습니다. 살펴보니 국내 바이오 업계에 인력이 터무니없이 부족하고, 신약 특허를 신청하더라도 통과하는 경우가 적으며, 수출 규모가 경쟁국의 1/10 수준입니다. 잘나가는 미국의 사례를 보니 세계적 수준의 3대 바이오 기업이 창출하는 고용 및 산업 파급효과가 어마어마합니다.

하지만 우리도 아직 늦지 않았습니다. 제약 부문은 경쟁력이 다소 뒤처져 있지만, 의료 부문과 제조 기술력은 세계 최고 수준이니까요. 우리나라도 충분히 승산이 있습니다.

이쯤 되면 보고서를 읽는(또는 프레젠테이션을 듣는) 사람들의 가슴이 두근거리기 시작합니다. '그렇다면 어떻게 하면 되지?' 하며 다음 장을 서둘러 펼칩니다(또는 다음 슬라이드를 초조하게 기다립니다). 그런데 해결방안이 이렇다고 생각해보세요.

"바이오 제약 산업을 지원하는 전속 위원회를 만들어야 한다."
"바이오 제약 기업에 금리 혜택을 주어야 한다."
"지속적인 관심과 투자가 필요하다."

이게 뭔가요? 앞에서 인력, 특허, 수출 규모가 문제라고 했잖아요. 그건 어디에 있지요? 이럴 거면 왜 얘기한 거죠? 남의 마음을 두근거리게 하고 이렇게 무책임하게 떠나갈 건가요. 기대하며 페이지를 넘긴 자신이 한심해집니다.

1막에서 권총이 나왔으면 3막에서는 쏴야 합니다. 서론에서 문제를 제기했으면, 본론에서는 바로 그 문제를 다뤄야 합니다.

일관성이 지켜지지 않은 글은
보는 사람에게 스트레스입니다.
매너를 지켜주세요.

그리고,

1막에서 권총이 나왔으면
3막에서는 쏴야 합니다.
서론에서 문제로 거론했으면
본론에서 해결책을 내놔야 합니다.

기호 Symbol 를
활용하다

메시지를 돋보이게 하는 기법

PPT는 머릿속에 그림을 그리도록 도와주는 툴

프레젠테이션 자료라고 하는 PPT(Keynote 포함, 이하 PPT로 통칭)에 대해 얘기해보겠습니다. 사람을 겉모습으로 판단하면 안 된다지만 말처럼 쉬운 게 아니죠. PPT도 디자인 빨에 현혹되면 안 된다는 걸 알지만 이것 역시 말처럼 쉽지 않습니다.

형편없는 콘텐츠가 디자인이 좋아서 통과되는 경우는 거의 없습니다. 어떻게든 할당된 예산을 써야 하는 공공기관의 공모전에서는 가능할지 모르겠지만, 기업 현장에서는 어림도 없습니다. 하지만 꽤 괜찮은 콘텐츠가 형편없는 디자인 때문에 제대로 빛을 발하지 못하는 경우는 자주 일어납니다.

　PPT 역시 직장 글쓰기의 일환입니다. 디자인에 텍스트를 입힌 게 아니라 텍스트에 디자인을 입힌 것이기 때문입니다. PPT는 보고서의 내용을 요약하고 시각화하여 듣는 사람이(또는 보는 사람이) 좀 더 머릿속에 구체적인 그림을 그릴 수 있도록 돕는 좋은 프로그램일 뿐입니다. 구조화 훈련이 잘되어 있는 사람이라면, 텍스트를 읽으면서도 금방 자기만의 규칙으로 그림을 그려낼 수 있습니다. 하지만 사람들이 모두 그런 능력을 갖추고 있는 건 아니지요. 잘 만든 디자인이 필요한 이유입니다.

　만약 아래와 같이 PPT를 만든다면 어떨까요? 이렇게 글자만 빼곡하다면 도무지 통찰이나 상상이 발휘될 여지가 없습니다. 저라면 읽기를 포기하고 발표자가 설명해주기를 기다리겠습니다.

텍스트가 너무 많은 PPT 슬라이드

구분	주요 내용
글쓰기 종류	첫 번째, 정보를 전달할 목적의 글쓰기는 가장 간단하고 일반적으로 많이 쓰는 형태입니다. 매출 보고서, 1/4분기 예산 집행 보고서, 임직원 교육 커리큘럼 및 수료 사항 등 대부분의 현황 보고서가 여기에 해당합니다. 두 번째, '설득을 위한 글쓰기'는 기획서, 제안서, 계획서 등을 의미합니다. 첫 번째 글쓰기가 '현재의 상태'에 초점을 맞추고 있다면, 설득하는 글쓰기는 '미래의 행동'에 초점을 맞추고 있습니다. 따라서 문제점을 발견하는 분석력과 반하지 않은 해결책을 제시하는 감각이 중요하죠. 마지막으로 '메시지 전달을 목적으로 하는 글쓰기는 홍보자료(보도자료, 광고 문구 등), 연설문(제품 발표회, 고객 대상 CEO 레터 등) 같은 글쓰기입니다. 다수를 대상으로 하는 글이므로 핵심 키워드를 잘 뽑고, 스토리로 자연스럽게 녹여내는 능력이 중요합니다. 문장력을 기준으로 하면 가장 고난도입니다.
규칙 오류	보고서 안에서 규칙, 표현, 영역의 일관성을 지키는 건 꽤 중요한 문제입니다. 회사에서는 소위 네모(□), 동그라미○, 작대기(-), 별표(※ 혹은 *) 등으로 표현하는 개조식이 혼합니다. 우리가 글에서 이런 표식을 사용하는 이유는 같은 표식끼리는 같은 레벨의 얘기를 하겠다(하위 레벨은 상위 레벨 메시지를 뒷받침한다)는 암묵적 약속이 있기 때문입니다. 그런데 많은 실무자가 소위 '의식의 흐름'대로 이 부호를 사용합니다.
영역 오류	첫 번째는 그룹핑 과정에서 혼선이 생기는 경우입니다. 아래의 그림에서 보통, 현황, 문제점, 개선방안을 쓴다고 썼는데, 객관적인 자료가 나와야 할 '현황' 파트에서 '문제점'을 주로 얘기한다거나, '개선방안'을 얘기할 때 다시 '문제점'의 내용을 반복합니다. 이렇게 각 영역이 무질서하게 섞이곤 혼선을 일으키면 읽는 사람은 괴롭습니다. 두 번째는 논엔메너가 일관되지 않은 경우입니다. 기껏 A 방향으로 가자고 얘기해놓고, 사실 B 방향도 있다는 식으로 글그머니 글을 마무리하는 경우입니다. 이건 무책임한 보고서입니다. 학회에 발표하는 연구보고서도 이렇게 쓰면 욕을 먹는데 직장에서는 더더욱 안 될 일이지요.

여담입니다만, 글씨가 깨알 같은 슬라이드를 만들면 안 되는 중대한 이유가 또 있습니다. 사실 조금 슬픈 이야기랍니다. 우리의 PPT를 보고 의사 결정하는 사람은 대부분 임원이나 적어도 팀장급이잖아요. 그런데 회사 또는 클라이언트 회사의 많은 40대 후반, 50대 부장과 임원들은 치명적인 핸디캡이 있습니다. 바로 노안이에요. 노안은 가까운 위치에 초점이 제대로 안 잡히는 증상이기 때문에 깨알 같은 글씨를 보려면 매우 집중해야 한다는군요. 때로는 뭉개져서 보이고요. 물론 그분들은 자신이 노안이어서 안 보인다는 말을 절대 하지는 않을테죠. 그 대신 자료가 산만해서 도대체 무슨 얘기를 하는지 모르겠다며, 대폭 수정해서 다시 만들라고 질타할 겁니다.

그래요. 우리가 그래서 영문도 모르고 깨진 겁니다. (토닥토닥…)

숫자·그림·인포그래픽을 영리하게 사용하라

머릿속에 그림을 그리도록 돕는 데 숫자와 인포그래픽만큼 강력한 영향력을 가진 것도 없습니다. 예를 들어, 시디즈 T50 사무용 의자가 글로벌 누적 판매량 146만 대를 달성했다고 합시다. 와우, 대단하죠. 그런데 얼마나 대단한 실적인지 머리에 바로 안 그려집니다. 정확하게 가늠이 안 되거든요. 우리는 살면서 146만 개의 물건을 본 적이 없으니까요.

그래서 시디즈는 의자를 쌓는다면 에베레스트산 높이(8,848m)의 200배라는 식으로 표현했습니다. 숫자와 의자, 에베레스트 그림을 합친 슬라이드를 보면 누구라도 '정말 많이 팔렸구나' 하고 이해할 수 있으니까요.

숫자와 그림의 장점

하지만 숫자와 인포그래픽이 만능 지팡이는 아닙니다. 오히려 메시지를 흐리는 역효과를 초래할 때도 자주 있거든요. 다음은 숫자와 인포그래픽을 활용해 '수돗물, 하루에 얼마나 쓸까?'라는 메시지를 표현한 자료입니다. 구성과 디자인은 크게 나무랄 데 없지만, 전달하려고 하는 메시지 두 개가 충돌합니다.

Part III. 단순하게, 글을 쓰다

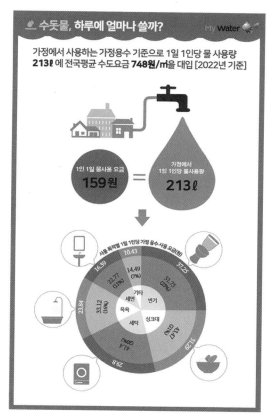

출처: 2022년 상수도 통계(환경부), 인포그래픽 참조자료(MyWater물정보포털)

1인당 물을 하루에 213ℓ나 쓰니까 경각심을 느껴야 할까요, 아니면 하루에 고작 159원어치만 사용하니까 안심해야 할까요? 물 사용량에 비해 가격이 지나치게 낮다는 비판일까요, 아니면 물값을 저렴하게 공급한다는 자부심일까요?

하단의 원 그래프를 보면 더 헷갈립니다. 화장실 변기에 가장 많은 물이 사용된다는 사실은 놀랍습니다. 그런데 변기에 물을 안 내릴 수도 없으니, 두 번째 항목인 싱크대 물을 아껴야 할까요?

아, 맞아요. 우리는 메시지 의도가 물을 많이 쓰고 있다는 비판인지, 아니면 저렴하게 사용할 수 있다는 자랑인지 모르고 있죠. 다시 보니 변기 용수 사용 요금이 고작 37원입니다. 뭘 굳이 더 아끼겠어요. 그런데 환경 때문에라도 물을 펑펑 쓰라고 장려하는 건 아닐 텐데 많은 물 사용량과 저렴한 가격을 동시에 보여주는 이유는 무엇일까요? 의문이 꼬리에 꼬리를 뭅니다.

'어떤 의미가 있는 건 아니고, 그냥 현황을 보여준 거예요.'라는 건 없습니다. 모든 글에는 작성자의 의도가 담겨 있으니까요. 많은 사실 가운데, 한정된 페이지 안에 하필 '그 사실'을 선택하는 건 특정한 의도를 내포하기 때문이지요. 그런데 해당 자료를 보는 사람들마다 여러 가지 해설들을 동시에 내놓는다면 메시지는 힘을 잃고 맙니다. 효과도 당연히 줄어들 수밖에 없겠지요.

구글 영어 검색과 팬톤, 그리고 인디자인 프로그램

파워포인트나 디자인 툴을 활용하는 방법에 관한 좋은 책들은 워낙 많으니 길게 언급하지 않겠습니다. 서점에 가서서 콘텐츠가 탄탄한 몇 권을 골라 정독하시면 큰 도움이 될 겁니다. 여기서는 몇 가지 포인트만 언급할게요.

콘텐츠는 탄탄한 기획과 스토리, 좋은 사례가 완성도를 좌우하지만, 디자인은 색감 배치와 아이콘, 폰트가 중요합니다. 많은 직장인이 픽사베이pixabay, 플래티콘flaticon, 언스플래쉬unsplash 같은 무료 사진 사이트나 셔터스톡shutterstock 같은 유료 사이트를 활용하실 겁니다. 일러스트 아이콘이나 사진 자료는 이런 곳을 활용하면 됩니다. 물론 구글에서 png 파일로 아이콘들을 수천, 수만 개 찾을 수도 있지요(저작권 프리를 찾으세요). 당연한 말이지만 한글로 검색하는 경우보다 영어로 검색할 경우에 10배 이상 많은 결과물을 보실 수 있습니다.

색채의 사용과 영역 배치는 구글이나 핀터레스트pinterest에서 '브로슈어 템플릿brochure template' 같은 키워드를 검색한 후 마음에 드는 디자인을 골라보세요. 색채학은 디자인의 끝판왕과 같아서 우리 같은 머글muggle은 넘볼 영역이 못 됩니다. 다만 색과 도형 배열을 세련되게 창작하진 못해도 남이 잘 만들 걸 고를 수 있는 눈이 있다면 충분합니다.

마음에 드는 디자인을 발견하면 해당 색깔의 RGB 값을 확인해서 그대로 따라 적용하면 됩니다. 포토샵이고 뭐고 그런 프로그램이 하나도 없는 저는 [캡처] 기능으로 해당 색깔을 [파워포인트] 프로그램에 옮긴 후 [그림 서식]의 [스포이드] 기능으로 RGB 값을 확인했습니다. 포토샵이나 인디자인 프로그램이 있는 분들은 더 쉽게 하시겠지요.

추가로 팁을 드리자면, 배경이나 포인트 상자를 만들 때 파워포인트에 있는 표준색은 가능한 한 쓰지 마세요. 쓰는 순간 묘하게 올드해 보이는 역효과를 냅니다. 특히 색채학을 공부했거나 디자인 감각이 남다른 사람이 아니라면 두 가지 색깔을 동시에 쓸 때 (한 슬라이드에서 두 가지 색깔이 있는 경우는 흔한 일입니다) 세련되게 어울리는 조합을 찾는다는 건 너무 힘든 일입니다.

다행히 우리 같은 평범한 사람들을 도와줄 팬톤Pantone(www.pantone.com)이라는 색채 관련 기업이 있습니다. 매년 올해의 컬러color of the year를 선정해서 유행하는 색을 알 수 있고, 기껏해야 톤앤톤 정도로 색깔을 맞출 수 있는 우리를 대신해 다양한 색깔들을 세련되게 조합한 예시들을 보여줍니다. 색깔별로 RGB 값이 나와 있으니 마음에 드는 걸 그대로 활용하면 됩니다.

"

숫자, 인포그래픽 등의
기호 Symbol는
메시지를 명확하게 하기도,
오히려 혼란스럽게 하기도 합니다.

PPT의 디자인 기교는
여러 개를 검색한 후 적당한 것을
따라 하면 충분합니다.

문제는 메시지를 단순하게 만드는
고민입니다.

기호를 활용하다

단순하게 PART IV 말하다

만약 당신이 어떤 것을
간단하게 설명하지 못한다면
제대로 이해하지
못했기 때문이다.

— 알베르트 아인슈타인 Albert Einstein —

같은 공간에서
다른 꿈을 꾸다

동상이몽

사람들은 똑같은 단어를 보고 다르게 해석한다

"부장님한테 그건 안 되는 거라고 몇 번을 설명했는데도 다음날 똑같은 얘기를 되풀이하는 거 있지? 정말 속 터져. 사람 말을 못 알아듣는 거야, 아니면 골탕 먹이려고 일부러 그러는 거야?"

"보고하던 중에 사장님이 예산 계획서를 보자고 하셔서 용 대리한테 급하게 정리한 내역을 달라고 시켰어. 그랬더니 자기가 보던 엑셀을 그냥 프린트해서 가져오는 거야! 깨알 같은 글자는 심지어 보이지도 않았다고! 사장님 앞에서 얼굴이 화끈거리더라니깐."

직장에서 자주 일어나는 모습입니다. 도대체 왜 이렇게 말이 안 통하는 걸까요? 이게 바로 차이 중에서도 무시무시하다고 소문난 세대 차이인가요? 아니, 꼭 그런 것 같지도 않습니다. 나이가 젊은 부서장과 나이 많은 팀원 간에도 자주 일어나는 일이거든요. 경력의 차이가 문제인 걸까요? 아니면 직급 차이가 벌어지면 갑자기 마법처럼 말도 안 통하게 되는 걸까요.

스위스의 언어학자 페르디낭 드 소쉬르^{Ferdinand de Saussure}가 설명한 기표^{signifier}와 기의^{signified} 개념을 잠깐 얘기해보겠습니다. 소쉬르는 인간 언어를 기호^{sign}로 정의했습니다. 그리고 그에 따르면 언어 기호는 기표와 기의로 나뉩니다. 기표는 기호의 겉모습, 즉 음성으로 표현된 모습을 의미하고, 기의는 담긴 의미를 말합니다.

복잡하게 들리지만 간단한 얘기입니다. 예를 들어 '사랑해요'라는 단어의 철자와 [salanghaeyo : 사랑해요]라는 발음은 기표이고, '사랑해요' 글자를 보며 떠올리는 의미는 기의입니다.

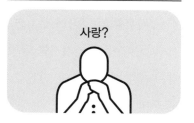

기표	기의

문제는 기표와 기의의 연결이 사람마다 다르다는 것입니다. 두 사람이 동시에 같은 단어를 들어도 정확하게 같은 의미를 생각하지 못합니다. 왜냐하면, 기표와 기의의 연결은 개인적인 경험에 따라 자의적, 즉 제각각으로 이뤄지거든요. 이를 기호의 임의성 arbitrary nature of sign이라고 합니다.

'사랑해요'라고 적힌 기표는 한글을 배운 사람이면 모두 똑같이 읽습니다. 지나가는 사람에게 갑자기 읽어보라고 해도 달라지지 않지요. 사랑 경험이 풍부한 사람이나, 글로만 연애를 배운 사람이나 똑같습니다. 모두 [salanghaeyo : 사랑해요]라고 읽어요.

하지만 연결되는 기의는 모두 다릅니다. 최근 사랑을 시작한 연인은 핑크빛의 몽글몽글한, 긍정적 의미와 연결할 것이고, 스토커에게 괴롭힘을 당해 숨어 사는 사람은 말할 수 없는 부정적 이미지를 떠올릴 것입니다. 게다가 어떤 사람은 '사랑'을 서로 아껴주고 친절하게 대하는 것으로 생각하고, 어떤 사람은 심장이 두근거리고 설레는 감정이라고 생각합니다. 그래서 "너는 나를 더 이상 사랑하지 않는 것 같아!" 같은 대사가 나오는 거겠죠. 많은 경우 '사랑'의 기의가 달라서 생기는 오해입니다.

기의는 감정만 의미하는 건 아닙니다. 예를 들어, 새 집을 구할 때 우리가 깨닫게 되는 진실이 있습니다. #역근처 #편의시설다수 #올수리 #햇빛잘드는 #조용한 #깔끔한 #한강뷰 등의 쉬운 단어를 사람들이 얼마나 다르게 이해하고 사용하는지를 말이죠.

모든 사람에게 똑같은 의미를 가진 단어는 없다

이제 왜 직장에서 멀쩡한 사람들끼리 그토록 말이 안 통하는지 살펴보겠습니다. 다음은 두 사람의 기표와 기의가 서로 달라서 생기는 대표적인 갈등 상황입니다.

"앤드류 님, 이번 3/4분기 매출 현황 간단하게 정리해줘요."

"네, 알겠습니다!"

"(잠시 후 포스트잇을 내밀며) 제이 님(팀장), 여기 있습니다."

"이게 뭐죠?"

"아까 말씀하신 매출 현황입니다."

"포스트잇에?"

"네, 간단하게 정리해달라고 하셔서 한눈에 보이도록 숫자 위주로 메모했습니다."

"이거 로건 님(본부장)께 드려야 하는데요?"

"아…. 다시 해드릴까요?"

제이 님과 앤드류 님이 생각하는 '간단하게 정리하다'라는 의미(기의)가 전혀 다른 걸 알 수 있습니다. 제이 님에게 '간단하게 정리한다'는 것은 ①전체 매출 현황, 지난 분기 대비 증감 비교, 세부 주요 항목별 추이를 ②한 페이지에 ③숫자 위주로 정리해달라는 뜻입니다. ④자신의 상사에게 보고할 수 있도록이요. 하지만 앤드류 님은 3/4분기 매출 현황의 주요 숫자를 빨리 알려달라는 의미로 해석했습니다. '간단하게'라는 단어가 두 사람에게 완전히 다르죠.

이래서 모호하게 말하면 오해가 생겨나는 겁니다. 특히, 정확하게 처리해야 하는 일을 서로 요청하고 요구받는 직장에서는 오해의 비용이 꽤 비쌉니다.

> 같은 단어를 보고
> 완전히 동일한 뜻을 떠올리는 타인은
> 이 세상에 없습니다.
>
> 이것을 '기호의 임의성'이라고 합니다.
>
> "사과 같은 얼굴"이라는 말을 듣고
> 좋아할 수 있는 사람은
> 이 지구상에서 특정 동요를
> 알고 있는 소수의 사람들뿐입니다.
>
> 그런데도 우리는
> 내 머릿속과 똑같이 해석하지 못하는
> 상대방에게 자주 화를 냅니다.

같은 공간에서 다른 꿈을 꾸다

이해도 안됐는데
시작부터 하지 마라

질문하지 않는 문화

커뮤니케이션은 상대방과 기의를 맞추는 과정이다

같은 단어를 말해도 의미는 사람마다 제각각으로 해석한다 말씀
드렸습니다. 몇십 년 같이 산 부부도 '기의'가 달라서 투덕거리며
사는데, 기껏해야 몇 년 같이 근무한 사람들끼리 척하면 척, 하고
알아들을 거라고 기대하는 건 이상합니다. 강요해서는 더더욱 안
되고요. 일단 생각이 다른 걸 인정하고 시작합시다.

    회사의 커뮤니케이션은 서로의 기의를 맞추는 과정이 매우 중
요합니다. '기의'라고 거창하게 표현했지만 결국은 일하는 사람들
끼리 다음 질문을 서로 확인한다는 뜻입니다.

"정확히 원하는 결과물이 무엇이지?"

"이 사람은 내 말을 정확히 알아들은 건가?"

기의는 상황에 따라 달라지기도 합니다. 앞의 사례에서 제이 팀장은 평소에 '간단한 매출 현황 보고서'의 기준이 ①전체 매출 현황, 지난 분기 대비 증감 비교, 세부 주요 항목별 추이를 ②한 페이지에 ③숫자 위주로 ④상사에게 보고 가능한 포맷으로 정리한 것이었습니다. 하지만 갑자기 부사장에게서 3/4분기 매출 숫자를 빨리 문자로 알려달라는 연락을 받았다면요? 그 경우는 앤드류가 했던 것처럼 포스트잇에 숫자만 빨리 적어주는 게 맞습니다.

물어보세요. 괜찮아요, 정말로.

회사의 커뮤니케이션이 기의를 맞추는 과정인데, 사람과 상황에 따라 달라진다면 어떻게 해야 하나요? 평소 상대방을 꼼꼼하게 분석하고, 상황별 시나리오를 완벽하게 암기하고 있어야 할까요?

그렇게 복잡하게 살 수는 없습니다. 게다가 아무리 완벽하게 외우고 있다 하더라도 돌발 변수는 늘 생기게 마련입니다. 그러나 우리에게는 아주 단순한 해결책이 있어요. 모든 변수를 꿰뚫을 수 있는 비장의 무기입니다.

"물어보세요!"

한국식 군대 문화의 영향인지, 아니면 유교 문화의 잘못된 잔재인지 모르지만 우리는 묻는 걸 불편하게 생각합니다. 심지어 언어를 직업으로 갖고 있는 기자들조차 잘 질문하지 않아요. 2010년 G20 서울정상회의에 참석한 미국의 버락 오바마^{Barack Obama} 대통령 기자회견 때의 일화는 아직도 유명합니다. 공식 연설을 마친 후에 질문을 받겠다고 했지만 한국 기자들 사이에선 무거운 침묵만 흘렀죠. 보다 못한 중국 기자가 질문했습니다. 어떤 교묘한 정치적 질문에도 노련하게 대처했던 오바마 대통령이 당황해하는 얼굴은 당시 온라인에 퍼져 오래 회자되었죠.

우리는 상사에게 묻지 않습니다. 척하면 척, 하고 알아들어야 실력 있다고 생각하는 건지, 아니면 윗사람에게 질문하는 행동이 토를 달거나 반항하는 태도라고 생각해서인지 모르겠습니다.

하지만 질문하세요. 정말로요. 괜찮습니다. 질문하는 사람을 보면 상대방은 오히려 안심이 됩니다. 자기가 원하는 걸 정확히 알고 가는 사람이니까요. 질문은 경우의 수를 대폭 줄여줘서 우리가 엉뚱한 일을 안 하게 도와줄 뿐 아니라 상대방의 니즈를 정확히 충족시킬 수 있도록 돕습니다.

예를 들어, 중학생 딸이 아버지에게 전화해서 "아빠, 나 뭔가 달달한 게 먹고 싶어."라고 말하는 상황을 상상해볼까요. 아버지는 "그래? 오케이!" 하곤 재빨리 전화를 끊었습니다. 과연 아버지는 퇴근할 때 무엇을 사 올까요? 초콜릿? 케이크? 사탕? 쿠키? 아이스크림? 어쩌면 종류별로 사 올지도 모르겠습니다. 글쎄요, 그래도 딸을 만족시킬 수 있을지는 잘 모르겠습니다. 달달한 종류가 세상에 얼마나 많은가요? 그리고 딸이 원하는 건 어떤 달달한 맛일까요?

딸 : 아빠, 나 뭔가 달달한 게 먹고 싶어.
아빠 : (질문 1) 그래? 쿠키 같은 과자를 먹고 싶은 거야?
딸 : 아니. 과자는 싫고, 케이크가 좋을 것 같아.
아빠 : (질문 2) 집 앞에 빵집에 가서 사 올까?
딸 : 아니. 아이스크림 케이크. 이번에 베라 신상품이 나와서 먹고 싶어. (본심)

남자가 질문을 두 개 하는 데는 30초도 걸리지 않았습니다. 그러나 이 30초 덕분에 무엇을 사야 할지 고민하는 시간, 이것저것 다 사는 수고를 줄였죠. 게다가 상대방의 요구, 즉 달달한 게 먹고 싶기도 하고 새로 나온 맛이 들어간 신상 아이스크림 케이크를 원하는 딸의 마음도 정확히 충족시켰습니다.

이해도 안됐는데 시작부터 하지 마라

질문 방식을 아까의 앤드류와 제이 사례에 적용해보겠습니다.

"앤드류 님, 이번 3/4분기 매출 현황 간단하게 정리해줘요."
"네, 알겠습니다. (분량 질문) 한 페이지 정도면 될까요?"
"그 정도면 될 것 같네요."
"네, 알겠습니다. (기한 질문) 한 시간 안에 드릴게요."
"그렇게 급한 건 아니에요. 오늘 6시 전까지 주세요."

앤드류는 두 번의 질문으로 복잡한 경우의 수를 단순하게 정리했습니다. 물론 질문에 약간의 기교는 필요합니다. '그게 무슨 말씀인가요?', '모르겠는데요. 어떻게 하나요?' 식의 원초적 질문은 지양해야겠죠. 그렇게 밑도 끝도 없이 물어보면 어디부터 알려줘야 할지 모르거든요. 설마 '컴퓨터 전원 버튼을 누르고 워드 아이콘을 누른 다음⋯.' 이런 것부터 설명해달라는 건 아닐 테죠.

"지난 번과 비슷한 ○○○로 할까요?"
"(생소한 업무일 경우) 처음 해보는 일인데, 혹시 참고할 만한 양식이나 원하시는 방식이 있나요?

이렇게 물어보면 됩니다. 간단하지요?

'중간보고'는 서로의 의도와 방향을 조절하는 기술

앞의 조언대로 업무 시작할 때 상대방과 기의를 맞춰서 잘 시작했다고 해봅시다. 갈등이 모두 없어질까요? 아닙니다. 상사에게 최종 결과물을 가져갔을 때 "이게 아니다."라며 대폭 수정을 요청하는 경우가 많잖아요 분명히 사전에 합의한 대로 했는데 말이죠.

왜 이런 일이 벌어질까요? 다음 보기 중에서 골라보세요.

1. 상대방은 뇌의 해마가 손상되어서 자기가 한 말을 제대로 기억하지 못하는 환자이기 때문이다.
2. 상대방은 나를 미워할 뿐 아니라 의도적으로 괴롭히고 싶어 하는 사이코 악마 같은 존재이기 때문이다.
3. 시킬 때 생각했던 결과물을 실제로 보니 생각과 다르거나 시간이 지나 상황이 바뀌었기 때문이다.

물론 1번이나 2번일 가능성도 배제할 수는 없지만(정말 깊은 위로의 말씀을 전하는 바입니다), 대부분은 3번입니다. 상사가 업무를 지시할 때 머릿속에 완벽한 조감도를 가지고 하는 경우는 많지 않습니다. 대부분 '이렇게 되겠지!' 정도를 상상하며 대략적인 스케치를 하고 말하지요.

설사 머릿속에 완벽한 조감도를 갖고 있는 경우에도 일부러 처음부터 세세하게 다 설명하지 않기도 합니다. 1차 분량에 해당하는 양만큼을 설명해주고, 2차와 3차는 1차 완성 후 설명해줄 생각이지요. 또는 시킬 당시에는 A 버전이 맞았지만, 그 이후 위에서 또 다른 지시가 있어 B 버전으로 바꿔야 하는 일도 있습니다.

그런데 실무자가 첫 미팅 후 아무런 얘기가 없다가 대뜸 최종 결과물을 들고 오면 당황스럽습니다. 몇 시간 정도 걸리는 간단한 업무라면 상관없지만, 몇 주 동안의 노력을 퍼부은 프로젝트라면 문제입니다. 마감이 임박했다면 더 큰일이죠. 상사는 초조하고, 실무자는 억울합니다. 시킨 대로 고생고생해서 완성했는데 욕을 먹고 있으니, 사직서를 던지고 싶은 충동이 들 거예요.

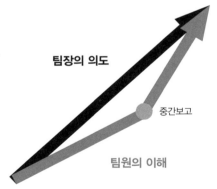

중간보고를 하면 목표 지점에 정확하게 맞출 수 있다

팀장의 의도

중간보고

팀원의 이해

우리가 인테리어 업체에 가게 인테리어를 맡기는 경우를 생각해보세요. 초반의 2D 도면을 합의하면 모든 게 끝인가요? 아닙니다. 이후에도 벽지 색깔, 조명 조도, 가구 색감 및 브랜드 등을 끊임없이 상의합니다. 게다가 다른 가게들을 보면서 새로운 아이디어가 생겨나 기존 도면을 수정하기도 하고요.

그런데 석 달 전 인테리어 실장과 2D 도면을 보면서 상의하고 대략적인 스케치에 동의했을 뿐인데, 갑자기 전화를 해선 완성된 인테리어를 짠 하고 보여주면 얼마나 황당하겠어요? 우리 예상보다 훨씬 웃도는 청구서와 함께 말이에요.

회사 업무도 마찬가지입니다. 프로젝트 기간이 길면 길어질수록 중간보고는 위력을 발휘합니다. 초반에 조감도 또는 얼개에 동의했다고 해서 서로 똑같은 최종 결과물을 상상하고 있는 것은 아닙니다. 그러니 중간에 보여주세요. 그래야 원하는 방향을 다시 맞춰서 제대로 걸어갈 수 있습니다.

" 회사의 커뮤니케이션,
특히 보고 · 지시 커뮤니케이션은
서로의 기의signified를
맞추는 과정입니다.

몇십 년 같이 산 부부끼리도
동상이몽으로 투덕거리며 사는데,
기껏해야 몇 년 같이 근무한 사람들끼리
척하면 척, 하고 알아들을 수는 없습니다.

그러니 물어보세요.
중간중간 보여주세요.

그래야 오해가 있더라도
다시 방향을 맞출 수 있습니다. "

내 마음 같은
사람은 없다

'무슨 말인지 알지?'의 위험

내 말 무슨 말인지 알지? … 아니요!

어느 사이트의 '오늘의유머' 게시판에 올라온 글입니다. 비서들이
겪은 황당 에피소드인데, 각종 댓글로 이루어져 출처는 적지 못했
습니다. 내용은 이런 식입니다.

사례 1

한창 신입 때 일입니다. 한번은 사장님이 부의賻儀 봉투 하나를
달라고 하시더라고요. 부의 봉투 어떤 것인지 아시지요? 상갓집
갈 때 조의금 넣는 봉투요. 당시엔 몰랐거든요. 저는 좀 의아해하

며 사장님이 찾으시는 봉투를 열심히 만들어서 갖다 드렸습니다. 사무실에서 많이 쓰는 누런 큰 봉투에다 굵은 매직으로 'V'자를 큼지막하게 써서 사장님 책상 위에 올려놓고 나왔지요.

사례 2

골프채 뒤에 손잡이 있지요? 그걸 샤프트shaft라고 하는 모양인데 저는 몰랐습니다. 그런데 사장님이 달라고 하셔서 기획실까지 가서 샤프 빌려다 드린 적 있습니다. 외국 바이어 있는 자리에서요.

사례 3

원장님이 부원장님 오시면 전화 달라고 하셨어요. 제가 부원장님께 "원장님께서 전화 달라십니다." 하니까 전화기 코드까지 뽑으셔서 통째로 주시면서 "왜 전화기를 달라고 하시지?"라고 하셨어요.

저도 비서실에 근무한 적이 있었기 때문에 엄청나게 웃었습니다. 특히 문상 가려고 준비하다가 책상 위에 놓인 큼지막한 'V'자 봉투를 보고 갸웃했을 사장 얼굴이 떠올랐어요. '부의'라는 단어를 난생처음 들어보는 사람이 있을 거라곤 생각도 못 했겠지요.

하지만 생각해봐요. 저 역시 입사 전엔 장례식장에 손님으로 가본 적이 한 번도 없습니다. 당연히 부의 봉투는 주의 깊게 본 적도 없지요. 사실 봤어도 몰랐을 겁니다. '賻儀(부의)'라는 한자를 읽지 못했거든요. 그러니 축의든 부의든 제대로 된 조의금 문화는 회사와서 처음 경험한 셈입니다.

만약 습관적으로 "내 말 무슨 말인지 알겠지? ○○는 당연히 △△지." 식의 말을 하는 사람이 있다면 직장 스트레스가 상당히 높을 거라고 장담합니다.

아니요. 몰라요. 모릅니다!(단호함.)

그렇게 두루뭉술하게 말하는데 누가 정확히 알아듣겠어요? 그리고 세상에 '당연한 것'은 생각보다 많지 않습니다.

예를 들어, 회사 부사장의 해외 출장용 비행기는 규정상 퍼스트 클래스라고 해봐요. 그러면 퍼스트 클래스 예약이 '당연한 것'이죠. 하지만 마침 그룹의 사장단 해외 일정과 겹쳐서, 계열사 사장 숫자만 해도 일등석을 꽉 채우고 남을 정도라면 예약한 일등석을 비즈니스석으로 바꾸는 게 센스입니다. 직급이 더 높은 사장은 비즈니스를 타고 가는데 자기가 회장, 부회장 사이에 앉아 퍼스트 클래스를 타고 간다면 얼마나 불편한 일인가요.

규정집에 똑똑히 적혀 있는 '당연한 것'조차 언제나 반드시 '당연한 것'은 아닙니다. 그러니 '당연히 ○○지'라는 식으로 상대방이 우리 마음을 찰떡같이 알아듣기를 기대하지 마시고, 머릿속 생각을 구체적이고 명확하게 전하는 연습을 해보세요.

지시할 때 가능한 한 정확하게 설명하면 일의 혼선을 줄일 수 있습니다. 지시하는 사람이 5분 더 쓰면, 실행하는 사람은 하루 이상의 시간을 줄일 수 있는 경우가 허다합니다.

시킬 때부터 원하는 결과의 조감도를 그려주자

'국내 바이오산업 현황 및 발전 방향' 관련해서 10~15페이지 보고서가 필요하다고 해봅시다. 많은 사람이 이런 식으로 말합니다.

"○○○ 보고서 만들어줘요. 상무님이 찾으시네요. 길게 쓸 필요는 없고 현재 문제점과 개선방안 위주로 쓰면 됩니다. 해외 사례도 같이 써주면 좋겠어요."

이런 지시를 듣고도 마음에 쏙 들게 해오는 사람이 있다면 상대방의 마음을 읽는 신기한 사람이거나 아니면 지시한 사람과 오랫동안 일을 해 와서 원하는 걸 정확히 이해하는 사람입니다. 하지만 직장생활을 하면서 이런 찰떡궁합과 일하는 경우는 매우 드물죠. 적당히 아는 사람과 일할 때가 훨씬 많습니다.

이 정도로 지시할 때는 시키는 사람도 머릿속에 조감도가 있는 거겠죠? 그러면 두루뭉술하게 얘기하지 말고 친절하게 생각을 그려줍시다. 냅킨에 펜으로 그리든, 화이트보드에 써주든, 아니면 이메일에 써주든 간에 말입니다.

다음은 제가 팀원들에게 일을 시킬 때 그려주던 조감도의 예시입니다. 이렇게 지시하면 팀원의 결과물 수준이 능력에 따라 조금씩 다르긴 했지만, 원하는 방향과 다르게 가져온 적은 한번도 없었습니다. 시키는 사람이 5분이나 10분을 써서 조감도를 그려주면 모든 일이 훨씬 단순해집니다.

결과물의 조감도를 사전에 그려줍시다

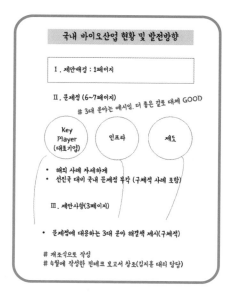

자기도 모르는 걸 시키는 건 비겁하다

뜨끔하는 분이 많으실 거예요. 많은 중간관리자들이 평소 만성피로에 시달리다 보니 문제가 생기면 얼른 다른 사람(특히 팀원)에게 넘기고 싶어 합니다. 물론 혼자서 문제를 붙들고 있다가 시기를 놓쳐 모두를 곤란하게 만드는 것보다는 신속하게 담당자에게 인계하는 게 훨씬 낫긴 합니다. 문제는 자기도 모르는 걸 일단 시키는 경우입니다.

"모를 수도 있죠. 어떻게 모든 업무를 다 알면서 시키나요?" 이런 항의가 들리는 듯합니다. 맞아요. 위로 올라갈수록 업무 범위 또한 비례해서 넓어지는데 업무 하나하나를 어떻게 다 알겠어요? 제가 얘기하고 싶은 건 두 종류의 나쁜 사례입니다.

1. 상사의 지시사항인데 무엇을 원하는지 나도 잘 모르겠는 경우
2. 내가 원하는 방향을 아직 생각 안 해본 경우

팀장 등의 중간관리자들은 본인의 상사로부터 내려온 업무를 다시 밑에 전달하는 경우가 많습니다. 그런데 만약 중간관리자가 자신의 상사가 원하는 내용을 정확히 모르면 어떻게 되겠어요? 그저 두루뭉술하게 주문할 테고(또는 위에서 내려온 메일을 설명 없이 그

대로 토스할 테고) 그 밑의 직원들은 '네가 뭘 좋아할지 몰라서 다 준비했어' 식으로 온갖 쓸데없는 업무를 해야 할 겁니다. 저는 이런 행동이 비겁하다고 생각해요. 중간관리자는 애초 업무 지시자에게 질문해서 가능한 한 원하는 걸 구체화해줘야 합니다.

두 번째는 좀 더 죄질이 나쁜 경우입니다. 자기가 지시하면서 무엇을 원하는지조차 스스로 생각을 안 해보는 경우죠. 일단 가져오면 그때 생각하려는 태도입니다.

예를 들면 경영진으로부터 우리 부서 마케팅의 사례를 외부 컨퍼런스에서 발표하라는 지시를 받은 후 팀원에게 업무 요청을 하는 상황이라고 생각해볼게요. 혹시 이런 식으로 말하지 않나요?

"○○에서 마케팅 실적 관련해서 발표하기로 했어요. 20개 슬라이드 정도로 PPT 만들어줘요. 되는 대로 가급적 빨리 보고하고."

자기가 어떤 얘기를 하고 싶은지 정하지도 않고, 일단 만들어오라고 하면 담당자는 고생길이 훤히 열린답니다. 그러니 시키기 전에 10분만 생각해봅시다. 최소한 이렇게라도 말해주세요.

"경영진 요청으로 ○○에서 우리 부서 마케팅 사례를 강의하기로 했어요. 곽 매니저가 PPT 작업을 진행해줬으면 좋겠어요. 슬라이드는 20장 정도 하면 될 것 같아요. 〈우리가 배운 교훈 ○가지〉 이런 식의 스토리였으면 좋겠어요. 2/3는 성공사례 위주로 하고, 1/3은 실패 경험을 공유하려고 하는데…. 성공했던 사례는 작년에 성공했던 A 제품 광고와 지난달 SNS 홍보 있죠? 어떻게 추진했는지와 고객 반응을 같이 써줘요. 그리고 실패 사례 중에는 20△△년도에 했던 팝업스토어를 꼭 넣어줘요. 얼핏 기억나는 건 이 정도인데 곽 매니저가 추가로 사례를 더 넣어줬으면 합니다. 내가 더 알려줬음 하는 게 있을까요? 지금 편하게 물어보세요."

연봉을 고려하면 팀장의 시간은 팀원보다 훨씬 비쌉니다. 그렇다고 동료의 시간을 함부로 흥청망청 써도 되는 건 아닙니다.

"내 말 무슨 말인지 알지?"
"아니요. 모릅니다."

지시할 때 가능한 한
정확하게 설명해줍시다.
지시하는 사람이 5분 더 쓰면,
실행하는 사람은 하루 이상의 시간을
절약할 수 있습니다.

회사에서 직급이 높을수록
시간이 비싸진다고 하지요.
그렇다고 해서
동료의 시간을
흥청망청 써도 되는 것은
결코 아닙니다.

내 마음 같은 사람은 없다

처음부터 요점을 말해달라.
현기증 나니까

두괄식 보고

미괄식 보고의 재앙 – 딴생각하거나 화를 내거나

다음과 같은 대화에서 10분 이상 깊은 관심을 두고 집중해서 들을 수 있는 분 계신가요?

"○○야, 오늘 어떤 일이 있었는지 알아?"

"엄마, 왜? 무슨 큰일이라도 있었어?"

"아니 글쎄, 우리 아랫집 아주머니 알지? 그 머리 어깨까지 오고 늘 스카프 매고 다니시는 분."

"(아, 별일 아니구나.) 어, 잘 모르겠는데."

"왜, 너도 봤어. 저번에 엘리베이터에서 인사도 했잖아. 아드님도 같이 소개해주시면서."

"(누군지 모르겠는데?) 그래, 그래."

"그분은 평소에 건강하신 분인데, 얼마 전에 몸이 좀 이상했다고 하더라고. 잠을 자도 계속 피곤하고….."(5분간 설명)

"힘드시겠네. 그런데 나 이제 씻었으면 좋겠는데."

"그랬는데, 건강 검진하러 갔더니 갑상선암이래. 엄청 충격받으신 것 같더라고. 갑상선암은 뭐, 워낙 생존율도 높고 해서 사실 암 취급도 안 한다곤 하지만 그래도 암은 암이잖아. 그러면서 아주머니가 나한테도 건강 검진을 강력하게 권유하더라고. 우리 나이에 필요한 건강 검진이 뭐가 있냐면….."(5분간 설명)

"……."

"그래서 말인데, 나도 검진 받아야겠어. 아까 내가 말한 검사를 하는 곳이 어디인지 인터넷에서 좀 찾아 뽑아줘 봐."

"응…? 무슨 검사?"

"얘! 지금까지 얘기한 거 안 듣고 뭐했어?"

사랑하는 어머니의 말씀을 무시하는 건 아닙니다만, 이 얘기를 집중해서 들을 수 있는 아들 딸내미는 없을 듯하네요. 만약에 어머니가 병원에서 안 좋은 진단을 받아 의논하는 상황이라면 몇 시간이고 얘기할 수 있겠지만, 윗집 아주머니, 심지어 얼굴도 모르는 분의 얘기를 관심을 갖고 장시간 듣기는 어렵습니다.

직장에서도 마찬가지입니다. 상사는 만성피로 상태에 주의력결핍증후군 환자이다 보니 상황이 더 심각하죠. 보고하는 도중 상사가 짜증을 내거나 아니면 "무슨 소리를 하는지 제대로 못 알아듣겠다"는 식으로 불만을 표출하는 일이 자주 있다면 우리의 보고 방식이 잘못됐을 가능성이 매우 큽니다.

기-승-전-결로 이어지는 스토리는 스몰토크용입니다. 그 외에는 처음부터 결론을 얘기해야 합니다. 결론이 안 나오면 상사는 두 가지 중의 하나를 선택합니다. 인내심이 바닥났을 때 화내거나, 결론이 나올 때까지 조용히 다른 업무 생각을 하고 있는 거지요. 물론 후자의 경우 계속 딴생각을 했으니 중요한 내용을 놓치는 일이 부지기수일 테죠. 그러고서 나중에 "그런 보고 들은 적이 없다."라는 얘기를 하는 겁니다.

바쁘니까 용건만 말해 : 두괄식 + 30초 설명

엘리베이터 보고법이란 게 있습니다. 엘리베이터로 이동하는 시간인 30초 안에 메시지를 전달하는 훈련법입니다. 직장의 언어습관에서 매우 유용한 도구라고 생각합니다. 100페이지 분량도, 6개월 동안 고군분투한 프로젝트도 30초 안에 효과적으로 말할 수 있어야 합니다.

다음은 상사의 화를 돋우는 안타까운 언어 습관의 전형적인 모습입니다. 기껏 열심히 일하고 욕먹는 사람들이 자주 하는 실수죠.

"상무님. 하계 컨퍼런스 관련해 드릴 말씀이 있습니다."

"(표정을 보니 심각한 일인가?) 무슨?"

"연사 건입니다. 이번에 회장님께서도 연사에 특별히 신경 쓰라고 하셨잖아요? 그래서 저희가 가장 넓은 연사 네트워크를 갖고 있는 휴네트 글로벌 이사에게 특별히 부탁했습니다. 그랬더니 웬만한 사람들은 이미 다 일정이 잡혀 있다고 하네요. 그래서 제가 연사에게 직접 연락하는 게 좋겠다고 생각했습니다. 그래서."

"(도대체 뭐라는 거야? 연사 섭외가 다 엉망으로 된 건가? 임원회의 때 또 노발대발하실 텐데.) 차 팀장, 도대체 결론이 뭐에요? 바쁘니까 요점만 얘기해요, 요점만."

"아, 그래서 제가 일주일 동안 여기저기 부탁한 결과 회장님께서 가장 부르고 싶어 하셨던 유 교수가 오겠다는 회신을 쳤습니다."

"유 교수 말고는? 다른 연사 섭외는 제대로 추진되고 있는 거예요? 전체 연사 섭외 현황 지금 당장 갖고 들어와요!"

차 팀장의 잘못된 보고 습관

불안을 일으키는 도입부 ⇒ 성과 어필 ⇒ 결론

차 팀장은 내심 칭찬을 기대했겠지만, 상무의 화만 돋우고 말았습니다. 잘하고도 억울하게 혼이 난 셈입니다. 상사가 평소에 자기를 싫어하기 때문이라고 오해할지 모르겠지만, 이 경우는 보고 과정에서 상사 스트레스를 끝도 없이 올렸기 때문에 폭발한 겁니다.

게다가 결론을 듣기 전까지의 정보는 상사의 머릿속에서 '쓸데없는 것'으로 분류되기 때문에 결론 전에 차 팀장이 자랑삼아 얘기한 건 기억에 임시 저장조차 되지 않았습니다.

일 잘하는 사람들은 두괄식 대화에 매우 능숙합니다. 앞의 사례를 두괄식 법칙에 맞춰 다시 얘기해보겠습니다.

"상무님. 이번 하계 컨퍼런스 연사 섭외 관련해 좋은 소식이 있어서 말씀드립니다." (결론을 포함한 도입부)

"(좋은 소식이라니 긴장하지 않고 들어도 되겠군.) 무슨?"

"회장님이 초청하고 싶어 하셨던 유 교수님 있지 않습니까? 그

분을 연사로 모시는 데 성공했습니다."(결론)

"오, 그래? 잘됐네. 어떻게?"

"사실 유 교수 급의 연사는 이미 오래전에 일정이 확정되지 않았습니까? 그래서 가장 넓은 연사 네트워크를 갖고 있는 휴네트 글로벌 이사에게도 특별히 부탁하고, 제가 개인적으로도 따로 설득해서 어렵게 수락을 받았습니다."(성과 어필)

"차 팀장이 고생 많네. 다른 문제는 없고?"

"네, 잘 진행되고 있으니 걱정 안 하셔도 될 것 같습니다."

"그래, 그래. 신경 써서 잘 챙겨줘. 수고해."

두괄식 보고를 적용한 차 팀장의 보고

결론을 포함한 도입부 ⇨ 결론 ⇨ 성과 어필

동료나 후배 직원에게 말할 때도 두괄식은 중요합니다. 어느 날 팀장이 불러서 이렇게 얘기를 한다고 생각해보세요.

"진아 님, 지금 입사한 지 몇 년 되었죠?"

"(갑자기 그건 왜 물으시지?) 3년 되었습니다."

"음, 벌써 그렇게 되었나요? 시간이 정말 빠르네요."

"(표정이 왜 저러시지? 심각한 얘기인가?) 정말 그러네요."

"그동안 진아 님이 열심히 일해줘서 정말 고맙게 생각해요."

"(그동안? 그동안? 왜 저런 단어를 쓰시지?) …."

"우리 회사 경영 실적이 요즘 안 좋은 것 알고 있죠?"

"(해고하려는 건가? 말도 안 돼. 왜 하필 나를….)"

"그런데 입사한 지 얼마 되지도 않은 진아 님이 이번에 A 거래
처를 확보했잖아요? 거기서 100억 원 계약하겠다고 연락이 왔어
요. 임원 회의에서 사장님이 우리 본부를 무척 칭찬하셨고요. 그
래서 진아 님을 올해의 직원으로 포상하기로 했어요."

참 고마운 얘기입니다만, 좋은 소식을 이런 식으로 전해야만 했
을까요?

기-승-전-결을
모두 갖춰 이야기하면
상대방은 '승' 때부터
이미 딴생각을 합니다.
그래서 결론 전의 얘기는
모두 잊어버립니다.

첫째도, 둘째도, 셋째도,
두괄식입니다.
두괄식으로 시작해서
30초 안에 상대방이 궁금한
결론을 이야기해야 합니다.

하고 싶은 이야기는
그 뒤에 덧붙여도 충분합니다.

처음부터 요점을 말해달라. 현기증 나니까

비슷한 답 말고
정확한 답을 말하자

에둘러 가지 말 것

그래서 도대체 언제 받을 수 있다고?

유통회사인 R사에서 마케팅을 담당하는 우 차장은 요즘 정신없이 바쁩니다. 다음 시즌의 제품 카탈로그 작업이 막바지거든요. 2주 동안의 우여곡절 끝에 시안과 배치, 문구를 완성한 후 방금 디자인 업체에 보냈습니다. 디자이너가 작업한 결과물을 보내오면 또 여러 차례 수정하겠지요. 의자에 기대어 잠시 숨을 돌리고 있는데 곽 상무가 부릅니다.

"우 차장, 이번에 작업한 카탈로그 언제 받아볼 수 있어요?"

"네, 지금 디자이너에게 넘겼습니다."

"그러면 이제 끝인가요?"

"아니요. 디자인 작업 마친 것을 상무님께 보여드리고, 수정 사항을 반영해야지요."

"그럼 내가 컨펌하면 다음 날이라도 받을 수 있는 건가?"

"인쇄하고 제본하는 데 3일 정도 걸립니다."

"디자이너는 언제 결과물을 주나요?"

"일주일 걸린다고 했습니다."

"오늘이 수요일이니까…. 다음주 수요일?"

"그렇지 않을까요? 아, 잠깐만요. 이번에 연휴가 이틀 있네요. 그러면 금요일 정도에 줄 것 같습니다."

"적어도 2주는 걸리겠군요?"

"네. 뭐, 급하신 일이라도 있으신가요?"

"그건 아니지만, 언제 받을 수 있는지 궁금해서요. 알겠어요. 그럼 수고해요."

위의 대화에 문제가 있다고 느껴지시나요? 갈등이 느껴지지 않도록 상황을 부드럽게 묘사했기 때문에 '상사와의 대화에 능숙하게 잘 응대하고 있는데 뭐가 문제지?'라고 생각할 수도 있겠어요.

하지만, 곽 상무가 원하는 대답을 얻을 때까지 우 차장에게 질문한 횟수는 총 6번입니다. 애초 곽 상무가 질문한 건 간단한 것이었습니다. '언제 카탈로그를 받을 수 있는지'였어요. 그런데 우 차장은 '디자이너에게 넘겼다'라고 답변했습니다. 아마 그의 생각은 이랬을 거예요.

'디자이너에게 넘겼다는 건 실무자 선에서는 제품 사진 촬영, 배치, 문구 등이 모두 완성되었다는 의미고, 앞으로 최종 컨펌과 인쇄만 남았다는 거지. 이 정도 분량의 카탈로그라면 디자이너 작업이 일주일 정도 걸리고. 인쇄는 원래 3일 정도 걸리는 게 상식이잖아? 내 대답으로 원하시는 정보를 얻었겠지.'

저런, 기획팀 출신인 곽 상무는 카탈로그 작업이 어떻게 이루어지는지 전혀 알지 못합니다. 디자이너에게 넘겼다는 말을 들어도 그게 작업 초기인지, 중반인지, 후반인지조차 감이 안 왔을 거예요.

우 차장이 이렇게 얘기하면 어땠을까요?

"우 차장, 이번에 작업한 카탈로그 언제 받아볼 수 있어요?"

"2주 정도 걸리겠네요(질문에 대한 대답 완료). 제가 막 디자이너에게 넘겼는데 디자이너 작업이 보통 일주일, 수정하고 인쇄까지 마치는 데 보통 5일이 걸리거든요 혹시 무슨 일 있으신가요? 급하게 필요하신 거예요?"

"아니에요. 그 정도면 충분합니다. 부사장님이 물어보시길래요."

A를 물어보면 정확히 A를 대답하자. 비슷한 대답 말고

A를 물어봤을 때 언제나 A를 정확하게 대답하는 사람은 열 명 중 한두 명 수준입니다. 세계적인 기업의 임원들도 고질적 습관으로 남아 있는 경우가 많아요. 앞의 우 차장 사례처럼 질문에 정확한 대답을 했다고 여기지만 실제로는 엉뚱한 대답을 한 경우가 부지 기수입니다. '어, 나는 안 그런데?'라고 생각하는 분들을 위해 다른 예를 들어보겠습니다.

사례 1

A : 이번 해외 출장의 항공편과 숙박 잘 예약되어 있겠죠?

B : 네! 여행사에 얘기했습니다. (유사 대답)

A : (얘기하면 예약이 무조건 되는 건가?) 예약이 된대요?

B : 확인해보고 연락 준답니다.

A : 그럼 아직 예약이 안 된 건가요?

B : 어…. 제가 지금 전화해볼까요?

사례 2

A : 이번 신제품은 대형마트가 가장 중요한 판매 채널이잖아요. 지금 전국 매장에 다 배포된 상태겠죠?

B : 동네 대형마트에 입점해 있는 것 분명히 봤습니다. 그래서 주말에 제가 하나 구매했습니다. (유사 대답 ①)

A : 전국 매장에 다 배포되었다는 거죠?

B : A 대형마트 구매 담당인 최 이사가 저희 제품을 밀어주겠다고 약속하셨으니 걱정 안 하셔도 될 겁니다. (유사 대답 ②)

A : 그래서 지금 전국 매장에 배포되었다는 거예요, 아니예요?

B : ⋯. 유통팀에 확인해보겠습니다.

사례 3

A : 선배님, 이렇게 해도 규정에 어긋나지 않는 것 맞아요?

B : 작년에도 이렇게 처리했는데 문제없었어. (유사 대답 ①)

A : ⋯. 규정에 맞는다는 거예요, 어긋나지만 괜찮다는 거예요?

B : 감사팀 천 과장이 괜찮다고 했다니까. (유사 대답 ②)

A : 팀장님께 감사팀의 검토를 받았다고 말씀드려도 돼요?

B : 아⋯. 그건 아니지.

A : ⋯?

이런 대화가 예외적인 걸까요? 불행히도 직장에서 매우 자주 볼 수 있는 상황입니다. 물론 이렇게 얘기하는 마음이 어떤 건지는 이해합니다. 상대방의 질문에 대답할 정확한 정보가 없는 경우죠.

잘 모르겠다고 답하기 민망하니 비슷한 정보라도 계속 들이밀고 싶어지는 거예요.

하지만 잘못 생각하는 겁니다. 서울 지도가 없으니까 대신 런던 지도를 내미는 격이거든요. 아쉬운 대로 런던 지도라도 들고 길을 찾으면 같은 지도니까 조금이라도 도움이 될까요, 아니면 시간만 낭비하게 될까요?

그러니 모르면 모른다고 얘기합시다. 필요하다면 정확한 정보를 지금이라도 찾아주면 되잖아요. 모르는데 대화를 끌면 상황만 더 복잡해질 뿐입니다.

질문에 대한 정확한 답을 몰라
에둘러대며 비슷한 답변들만
늘어놓는 사람이 많습니다.

그러면 질문한 사람은
몇 번이고 다시 물어봐야 합니다.

질문한 사람의 입장이 아닌
자기 위주로만 대답하는 습관은
혼선과 오해를 일으킵니다.

상대의 머릿속에
모호함을 지우다

숫자 활용

추상적 표현은 오해와 갈등의 주범

사례 1 : 사무실

"최 선임, 예산 계획 보고서 어떻게 되고 있어요?"

"거의 다 됐습니다."

"퇴근 전까지는 될까요?"

"네, 가능합니다."

"(잠시 후 6시) 최 선임, 왜 아직까지 보고서를 안 주는 거죠?"

"네? 퇴근 전까지라고 하셨잖아요?"

"난 이제 나가야 하는데?"

"저는 오늘 야근해서 늦게까지 마무리짓고 팀장님 책상에 두고 퇴근하려고 했는데요. 2시간 정도는 더 해야 합니다."

"7시 미팅에 당장 필요한 자료에요. 아까 최 선임 말 듣고서 자료 가져가겠다고 이미 보고했단 말입니다."

사례 2 : 미용실

"고객님, 머릿결이 진짜 많이 상하셨네요. 일반 파마 약으로 하면 머리가 다 녹아내리겠어요. 손상 모발용으로 나온 약으로 하셔야 하고요, 중간에 영양 관리도 넣으시길 추천해드려요."

"머릿결이 그렇게 많이 상했어요? 요즘 바빠서 신경을 못 썼더니…. 혹시 그렇게 다 하면 비싸지 않나요?"

"아니에요. 고객님은 이번에 첫 고객이니까 20% 할인이 들어가서 별로 안 비싸요."

(잠시 후)

"다 됐습니다. 가격은 36만 원이에요."

"네?!! 너무 비싸요. 저렴하게 해주신다고 하셨잖아요."

"고객님, 원래는 45만 원인데 20% 할인해드린 거예요. 게다가 영양 앰풀도 정량보다 훨씬 많이 넣어드렸어요." (할인 가격으로 4시간 동안 열심히 해줬는데 욕만 먹게 생겼어.)

"….." (사기당한 기분이야.)

등장인물 네 명 모두 피해자가 되어 버렸네요. 처음부터 정확히 얘기했으면 아무 갈등도 없었을 안타까운 상황입니다. 사례 1에서 팀장이 '퇴근 전'이라는 모호한 표현 대신 '저녁 6시'라는 표현을 썼으면 어땠을까요. 최 선임 역시 '거의 다' 대신 '○시간 정도'라고 얘기했다면요. 전혀 오해가 없었겠지요.

사례 2 역시 마찬가지입니다. 만약에 미용사가 '별로 안 비싸요'라는 표현 대신 '45만 원에서 할인해서 36만 원'이라고 얘기했으면, 고객은 수긍하든지 아니면 좀 더 저렴한 서비스를 요청하든지, 하다못해 양해를 구하고 나가든지 결정했을 겁니다.

숫자는 단순한 소통을 위한 최강 무기

아라비아 숫자의 발명은 모르는 사람끼리도 명확한 소통을 가능하게 만들었습니다. 숫자 1은 누구에게나 숫자 1이기 때문입니다. 사과 10개는 사과 1개보다 정확히 10배 많습니다. 연봉 1억 원을 받는 사람은 2천만 원을 받는 사람보다 5배 임금 소득이 높습니다. 그래서 우리는 GDP 순위, 국가경쟁력 순위, 학교 성적 등수, 토플 성적 등등 많은 지표를 숫자로 표현합니다.

많은 육아서에서는 부모가 열이 나는 아기를 안고 병원 의료진을 찾아갈 때 "아침부터 열이 펄펄 나고 보채며 식은땀이 났다."라는 표현보다는 "아침 10시에 열이 38도로 올라서 해열제를 먹였는데, 나아지지 않고 현재까지 38도와 39도 사이를 반복하고 있다."라고 설명하도록 충고하고 있습니다. '열이 펄펄'로는 어떤 상태인지 정확한 판단을 내릴 수가 없기 때문이에요.

회사의 커뮤니케이션은 대부분 판단을 요구합니다. 작게는 휴가 결재부터 회사 사업 전략까지 모든 영역에 걸쳐서 말이에요. 그러니 어느 곳, 어느 순간보다 숫자를 주요하게 사용합니다. 반대로 말해, 숫자 대신 모호한 표현을 습관적으로 사용한다면 어느 곳, 어느 순간보다 일이 복잡해질 가능성이 큽니다.

모호한 표현은 일을 악화시킨다

회사의 공식적인 커뮤니케이션에서는 '매우, 곧, 상당히, 최선을 다해, 심각하게, 신중히' 등의 표현은 쓰지 않는 게 좋습니다. 대부분 의미 있는 정보가 되지 않을 뿐 아니라, 오해만 불러일으켜서 일을 복잡하게 하거든요.

예를 들어, '곧'이라고 하면 얼마의 시간을 말하는 건가요? 1분

후인가요, 아니면 한 시간 후인가요? 아니면 올해 안인가요? 명확한 정보가 아닙니다. 게다가 '곧'이라는 말을 제각기 해석하기 때문에 누구는 늦는다고 화를 내고, 누구는 쓸데없이 재촉하며 들볶는다고 짜증을 내는 상황이 반복적으로 일어납니다.

모호한 표현을 쓰지 말자

구체적인 숫자로 말하면 운신의 폭이 줄어든다고 생각하는 사람들이 있습니다. 보고서가 언제 완성되는지 묻는 상사에게 '곧'이라고 대답하면, 한 시간 후에 또는 3일 후에 완성해도 변명할 여지가 있으니까요. 두루뭉술하게 얘기하는 게 안전한 선택이라고 생각하는 거죠. 하지만 여기에는 치명적인 문제가 있습니다.

회사는 우리의 결과물을 뽑아내기에 최적화된 시스템을 가지고 있고, 다양한 노하우를 층층이 쌓고 있습니다. 모호하게 말한다고 마감일에 여유가 생기는 게 아닙니다. 언제가 완성인지 모르겠으면 상사는 머릿속에 떠오를 때마다 채근하게 됩니다. 그러니 저라면 마감 시간을 차라리 제 입으로 말하겠어요. 그리고 약속한 시각까지 그들의 입을 다물게 하겠습니다.

다음의 예시들을 참고하여 직장에서만큼은 꼭 숫자로 얘기하는 좋은 습관을 들여봅시다.

"예산 계획서 완성하는 데 얼마나 걸려요?"
"세 시간 정도요. 5시까지 드릴게요."

"이번 A 제품 1/4분기 매출이 어떤가요?"
"좋습니다. 지난 분기 대비 7% 성장했어요."

"컨퍼런스 참석자 모집은 잘 되어 가고 있나요?"
"네, 오늘 기준으로 벌써 200명 신청했어요."

"런던 도착하면 회의장까지 얼마나 걸리나요?"
"공항에서 24km 정도 떨어져 있습니다. 구글맵으로 확인하니 현지 교통량 참작하면 1시간 10분 걸린다고 나옵니다."

추상적이고 모호한 표현은
소통을 복잡하게 만드는
주범입니다.

커뮤니케이션에서 숫자를 사용하면
메시지를 단순하고 명확하게
전달할 수 있습니다.

숫자 1은 누구에게나
1이기 때문입니다.

상대의 머릿속에 모호함을 지우다

상대의 머릿속에
그림을 그리다

해석 활용

똑같은 숫자라도 상황과 사람에 따라 의미가 달라진다

숫자 1은 누구에게나 숫자 1이지만 늘 똑같은 의미인 건 아닙니다. 상대방과 상황에 따라서 달라지니까요.

예를 들어, 이번 3/4분기 매출이 지난 분기 대비 15% 증가했다고 가정해보겠습니다. 15%를 다르게 읽는 사람은 없습니다. 14%보다 높고 16%보다 낮은 거죠. 그러면 이 숫자를 보고 기뻐해야 할까요, 아니면 걱정해야 할까요?

상황에 따라 다르죠. 만약에 연평균 매출이 3%인데 신제품이 성공해서 15%로 5배나 뛰었다면 경사입니다. 반대로 회사 특성상 가을이 시작되는 3/4분기에 연 매출의 대부분이 나오기 때문에 적어도 30% 이상 증가하는 게 정상이라면 반토막 실적입니다. 회사 전체에 비상경고가 울리는 심각한 상황인 거죠.

사람에 따라 숫자의 의미가 바뀌기도 합니다. 저는 얼마 전 쇼핑몰에 갔다가 우리나라 패밀리 레스토랑의 시조새 격인 식당을 발견했습니다. 이제는 찾아보기 어려웠는데 오랜만에 보니 반가웠어요. 그 레스토랑이 한창 유행했을 때는 생일 같은 특별한 날에나 갈 수 있었습니다. 학생이던 저에게는 가격이 꽤 높았거든요. 하지만 돈 버는 어른이 된 후 보게 된 가격표의 느낌은 달랐습니다. 적어도 생일날에 큰마음 먹고서야 갈 수 있는 가격은 아니었죠. 조건이 바뀌니 숫자의 의미도 달라졌습니다.

회사에서도 비슷한 상황이 발생합니다. 연초에 열리는 글로벌 컨퍼런스 예산이 5천만 원이라고 해봅시다. 이중에서 우리는 연사 초청에 2천만 원, 회의장 임대 및 케이터링 등에 2천만 원, 참석자 모집 및 홍보 등에 1천만 원의 예산을 책정했습니다.

컨퍼런스 성공의 관건은 좋은 연사를 섭외하는 것이라고 생각하는 임원이라면 연사 초청 비용에 관대할 것입니다. 하지만 회의장 및 케이터링 비용이 필요 이상 비싸다고 생각할 수 있겠죠. 반대로 컨퍼런스 목적은 참석자의 네트워킹이라고 생각하는 임원은 회의장 및 케이터링 비용에 관대한 대신, 연사 초청비나 홍보비용이 과도하다고 생각할 겁니다. 똑같은 항목, 똑같은 금액이지만 개인의 우선순위에 따라 높은 금액이 되었다가, 적절한 금액이 되었다가 하는 등으로 달라집니다.

숫자에 해석을 더해주면 메시지가 명확해진다

숫자야말로 가장 단순하고 명확하게 메시지를 덧붙일 수 있는 언어인 건 분명합니다. 그러나 앞에서 설명한 것처럼 숫자만으로는 원하는 의미를 다 표현할 수 없는 경우가 많습니다. 그럴 때는 의미를 같이 덧붙여주는 게 좋습니다.

코레일은 KTX 20년의 주요 기록을 발표했습니다. 옆 쪽의 그림에서 보듯 인포그래픽을 활용하여 숫자 위주로 깔끔하게 정리했습니다. 숫자만 써 놓으면 '이게 대단한 건가?'라며 잘 모를까봐 해설을 덧붙였지요.

20년간 코레일의 KTX 누적 운행 거리는 6억 2천만 km입니다. 너무 큰 숫자라 감이 오지 않는군요. 담당자는 영리하게 이 숫자를 지구 둘레로 나눠서 '지구를 1만 5,500바퀴 돈 거리'라는 해석을 덧붙였습니다. 덕분에 좀 더 생생한 숫자가 되었습니다.

숫자에 의미를 더해준 사례

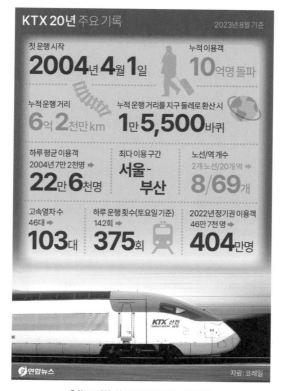

출처 : 코레일, 인포그래픽 참고자료 동아일보

직장의 대화에서도 이처럼 숫자와 해석을 섞는 습관을 갖고 있으면 좋습니다. 갈등과 오해로 번질 수 있는 리스크가 1/10로 줄어들거든요. 다음의 사례를 참고해주세요.

"이번 A 제품 1/4분기 매출이 어때요?"

"좋습니다. 지난 분기 대비 15% 성장했어요.(숫자) 원래 전망치인 7%보다 두 배나 높은 수치입니다.(해석)"

"컨퍼런스 참석자 모집은 잘 돼 가고 있나요?"

"네, 오늘 기준으로 벌써 200명 신청했어요.(숫자) 최대 참석자가 400명인데 이미 절반이 채워졌습니다.(해석①) 이 속도면 다음 주에는 400명 정원이 찰 것 같아요.(해석②)"

"이번 프로젝트 예산이 얼마예요? 비싼 거 아닌가요?"

"7천만 원이요.(숫자) 작년에 비슷한 프로젝트 했을 때가 1억 원이었으니까 오히려 30%나 아껴서 하는 거예요.(해석①) 재무팀에서도 괜찮다고 했습니다.(해석②)"

숫자 1은
누구에게나 1입니다.
하지만 의미는
상황에 따라, 사람에 따라 바뀝니다.
빌 게이츠와 우리는
1억 원에 대해
다른 의미를 갖고 있는 것처럼요.

그래서 숫자에 해석을 함께 곁들이면
단순하고 강력한
메시지가 됩니다.

상대의 머릿속에 그림을 그리다

설득할 사람은
그 사람이 아니다

최종 고객 찾기

왜 몇 번이나 말해도 못 알아들을까?

오 연구원은 벽창호 같은 황 팀장 때문에 속이 터집니다. 분명히
안 되는 일이라고 몇 번이나 말했는데도 왜 자꾸 똑같은 얘기를
되풀이하는지 모르겠어요. 오늘 아침에도 또 부르네요.

"회장님의 독일 기업 방문 건은 여전히 안 되는 건가요?"
"팀장님, 제가 몇 번이나 말씀드렸잖아요. 그때 사장을 비롯한
경영진들이 해외 출장이라서 안 된대요."
"정말 방법이 없겠어요? 오 연구원, 우리 해외 지사에 한번 부탁

해보면 어떨까요?"

"팀장님이라면 우리나라에 있는 외국 지점 담당자가 간곡히 부탁하면 몇 달 전에 잡은 해외 출장 안 가실 거예요?"

"자꾸 안 된다고 하지만 말고 방법을 생각해봐요."

"이미 공식 레터로 요청했고, 그쪽에서 사장과 부사장 모두 출장을 가서 미팅에 나올 만한 사람이 없대요."

"후…. 좀 더 방법을 찾아봅시다. 이따 다시 얘기해요."

속이 터지시죠? 황 팀장은 왜 이러는 걸까요. 누가 들어도 안 되는 이유를 설명했는데 대화가 도돌이표입니다. 이건 두괄식 보고법의 문제도 아니고 숫자 문제도 아닙니다. 기표와 기의를 헷갈린 것도 아니고요. 하지만 이런 경우는 회사에서 꽤 자주 일어납니다.

내 보고의 최종고객은 누구인가

엉뚱한 사람을 붙들고 설명하고 있어서 대화가 도돌이표가 되는 겁니다. 이 대화의 진짜 타깃은 팀장이 아니거든요. 위 사례의 이면을 살짝 살펴보겠습니다. 신소재 분야에 관심이 많은 회장은 이번 출장에서 해당 분야의 선도 기업인 독일의 B사를 꼭 방문하고 싶습니다. 그러니 황 팀장에게 아무리 얘기해봤자 벽을 친 공처럼 다시 문제가 돌아옵니다. 황 팀장은 "회장님이 지시하신 것 안 되겠는데요."라는 답변을 차마 들고 갈 수가 없어서 자꾸 오 연구원의 바짓가랑이를 잡는 겁니다.

'안 된다고 얘기하면 되지 왜 못해요?'라고 하는 분들에게 한 가지 슬픈 현실을 귀띔해드리자면, 사원이 대리에게, 과장이 팀장에게 얘기하는 것보다 팀장이 본부장에게, 본부장이 사장에게 얘기할 때의 긴장감과 압박감은 기하급수적으로 커집니다. 어쩌면 황 팀장은 이미 본부장에게 상황을 얘기했을지 모릅니다. 하지만 오 연구원이 팀장에게 들었던 것과 똑같은 얘기를 본부장에게서 들었을 가능성이 커요. 물론 훨씬 면박을 당하면서 말이죠.

많은 경우 지시사항의 최종 고객은 직속 상사가 아니다

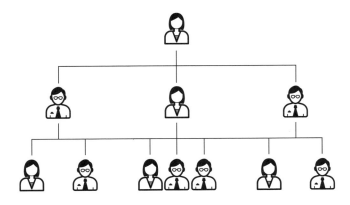

Part IV. 단순하게, 말하다

그러니 오 연구원의 입장인 분들은 괜히 힘 빼지 마세요. 독일 회사 방문이 얼마나 불가능한지를 설득력 있게 전달하더라도 문제는 해결되지 않습니다. 우리는 개운한 마음으로 퇴근을 해야 하지 않겠어요? 그러니 찾아봅시다. 눈앞의 황 팀장을 전전긍긍하게 만드는 그 최종 고객이 누구인지를.

이 사례에서 최종 고객은 회장이죠. 정확히 말하면 '신소재 산업에 관심이 있어 B 기업을 방문하고 싶은 회장'입니다. 그리고 우리가 맞닥뜨린 현실은 B 기업의 주요 경영진이 모두 해외 출장을 갈 예정이라는 사실이고요. 그러면 제한된 상황 안에서 상대방의 니즈를 충족시킬 수 있는 법을 찾아봅시다.

회장이 신소재 산업에 관심이 있고 공부하고 싶은 거라면 굳이 경영진을 만나야만 하는 걸까요? 독일 회사에 상황을 설명하고 혹시 산업 시찰이 가능한지, 가능하다면, 설명해줄 책임자(출장을 가지 않을 사람)가 있는지 물어봅니다. 그랬더니 신소재를 총괄하는 연구소장이 마침 남아 있을 예정이라고 하네요. 좋아요. 그러면 경영진 미팅은 불가능하지만, 연구소장이 설명하는 산업 시찰은 가능하다는 옵션을 얻었습니다. 그리고 신소재 분야는 B 회사 외에도 다른 유망한 회사들이 있을 거 아니겠어요? 연구소나 유사한 업종의 회사를 몇 군데 조사해봅니다.

자, 이제 자료를 가지고 벽창호 같은 황 팀장에게 갑시다. 그리고 이렇게 말해주는 거예요.

"회장님께서 신소재 산업에 관심이 많으셔서 B 기업에 가고 싶으신 거죠? 말씀드린 것처럼 경영진은 모두 해외 출장이라서 미팅은 불가능하지만, 연구소장과 함께 산업 시설을 둘러보고 설명을 듣는 건 가능하다고 합니다. 그리고 독일에서 신소재 분야가 유명한 곳들이 여럿 있는데, 회장님께서 관심 있다고 하시면 미팅할 수 있는지 물어보겠습니다."

황 팀장의 얼굴이 조금씩 밝아집니다. 안 된다는 답변만 듣다가 두 가지나 되는 선택지를 얻었으니까요. 그러면 우리는 황 팀장 손에 기관 리스트를 꼭 쥐어주고 본부장에게 보고하라고 격려하면 됩니다. 본부장이 회장에게 보고하고 나면 B 기업 방문 취소든, 연구소장과의 만남이든, 다른 기관 방문이든, 뭐라도 결정이 나겠지요. 그러면 그때 맞춰서 일하면 됩니다.

적어도 도돌이표처럼 말하는 황 팀장을 상대로 실갱이하면서 끙끙대는 일은 없어질 테니 속이 시원하네요. 일단 팀장이 새로운 답변을 받아 올 때까지 신경 끄고 집에 갑시다.

"

아무리 설득해도
벽창호 같은 대답이 돌아온다면
설득의 대상이 잘못된 겁니다.

당신이 설득해야 하는
최종 대상을 찾으세요.

그 사람을 움직일 수 있는 제안을 해야
눈앞에 있는 상대를
설득할 수 있습니다.

설득할 사람은 그 사람이 아니다

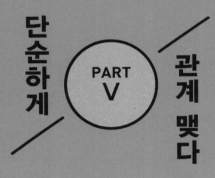

단순하게 PART V 관계 맺다

고마운 것은 고맙다고
미안한 것은 미안하다고
큰 소리로 말하라.

마음속으로 고맙다고
생각하는 것은 인사가 아니다.
남이 내 마음까지 읽을 만큼
한가하지 않다.

– 탈무드 –

생각을 멈추지
못하다

투머치 고민러

잎새에 이는 바람에도 괴로워하는 사람들

윤동주 시인의 '서시'에 '잎새에 이는 바람에도 나는 괴로워했다'
는 표현이 나옵니다. 어려운 시대를 살아가는 시인이 느끼는 무게
감을 잘 보여주는 구절이지요.

그런데 직장에서도 '잎새에 이는 바람에도 괴로워하는' 사람이
있습니다. 항상 웃으면서 인사하던 동료 직원이 이상하게 본체만
체하고 지나간다든지, 상사가 보고를 받을 때 얼굴색이 안 좋다든
지, 내일 회의장에 필요한 자료들을 옮기면서 후배 직원에게 같이
하자고 했는데, "지금 급한 일이 있다."며 거절 당했다든지, 이유

와 근거는 다양합니다.

무슨 대단한 문제일까 싶어서 눈을 끔벅거리며 쳐다보면 당사자는 긴 사연을 쏟아냅니다. 얼마 전에 그 동료 직원이 본인에게 도움을 요청했는데, 그때 바빠서 거절했다는 겁니다. 순간 얼굴색이 바뀌길래 아차 하는 생각이 들어서 마음 쓰이던 차였습니다. 그 일 이후에 오늘 처음 봤는데 아니나 다를까 얼굴을 제대로 보지도 않고 가버리니, 어떻게 오해를 풀면 좋겠냐는 겁니다.

그리고 후배 직원을 얘기하면서 고민을 이어갑니다. 후배 J는 팀장이나 다른 선배들에게는 싹싹하게 굴지만, 본인에게는 그러지도 않을뿐더러 업무 관련해서 조언하면 무표정으로 알겠다는 말 한마디뿐이랍니다. 쎄한 느낌의 경험들이 쌓여가던 중이었는데 마침 오늘 결정적 사건이 터진 겁니다. 후배 J는 선배인 자기가 회의 준비로 아침부터 짐을 옮기느라 땀을 뻘뻘 흘리는 걸 보면서도 모른 척 자리에 앉아 있었습니다. 참다 못해 같이 하자고 했더니, 급한 일이 있어서 어렵다며 거절하는데 이 괘씸한 태도를 어떻게 고쳐줘야 할지 스트레스라고 하네요.

사소한 행동 뒤에 이렇게 대하드라마 같은 사연이 있다니 놀랍습니다. 이러니 많은 직장인이 "일은 일이니까 어떻게든 하겠는데 인간 관계 때문에 너무 힘들다."고 말하는 거겠지요. '잎새에 이는 바람에도 괴로워하는' 성향이라면 고통이 더욱 가중되겠습니다.

사람들은 사실 나에게 별로 관심이 없다

사실 남들은 우리의 행동, 말, 뉘앙스, 표정 하나하나를 깊게 생각하지 않을뿐더러, 모든 것을 바탕으로 해서 치밀하게 행동하지도 않습니다. 예를 들어보겠습니다. 많은 직원이 질색하는 행동 중 하나가 별로 친하지도 않은 동료가 '결혼은 했냐, 남자(여자)친구는 있냐'라고 물어보는 겁니다. 물론 너무 사적인 질문은 기본 예의가 아니죠. 하지 맙시다. 하지만 당위성 문제는 차치하고라도, 그런 질문을 하는 상대방의 의도는 도대체 무엇일까요?

1. 평소 대한민국의 저출생과 비혼, 또는 늦은 결혼으로 인한 사회적 문제에 큰 관심이 있어서.
2. 소개팅을 시켜주고 싶은 딱 맞는 사람이 있어서.
3. 결혼 못(안) 했다는 사실을 알고 조롱거리로 삼으려는 고약한 악의를 갖고 있어서.
4. 첫눈에 반해 데이트 신청을 하려고.
5. 일 얘기를 빼고 말하려니 딱히 화젯거리가 없어서.

어떻게 생각하는 게 합리적일까요? 우리가 상대방에게 이런 부류의 질문(결혼은 했나, 이 회사가 첫 직장인가, 주말에 주로 무엇을 하나? 등)

을 할 때 어떤 마음인 건지 떠올려보세요. 네, 맞아요. 5번이죠. 대부분 아무 생각 없습니다. 사실 상대방에게 큰 관심도 없고요.

숨겨진 저의를 찾느라 인생을 낭비하지 말자

그러니 앞의 사례에도 똑같이 적용하면 됩니다. 항상 반갑게 인사하는 직원이 본체만체하면서 지나갔다면 무슨 이유겠습니까? 어떻게 해석하는 게 자연스러울까요?

1. 부탁을 거절당한 걸 며칠 동안 곱씹으며 분개하다 앞으로는 인사도 하지 않고 관계를 끊기로 함. 마침 얼굴을 보자마자 복수를 실행하기 위해 거울을 보며 연습한 대로 표정을 싸늘하게 바꾸고 모른 척하고 지나감.
2. 다른 생각에 빠져 있는 중이었거나, 급한 일 때문에 상대방을 제대로 못 봤거나, 봤어도 반갑게 인사할 여유가 없었음.

②번이라고 생각하는 게 합리적이겠죠? 평소 자기를 무시한다는 후배의 사례도 마찬가지입니다. 회의 준비를 도와달라고 했더니 바쁘다면서 거절했지요. 어떤 의도였을까요?

1. 평소 그 선배를 한심하게 생각하고 있었는데, 아침부터 일하느라 땀을 뻘뻘 흘리는 걸 보니 고소하게 생각됨. 역시나 일을 제대로 못 하니 몸이 고생인 것 같음. 그런데 자꾸 나를 흘깃흘깃 쳐다봐서 짜증이 나던 차에 같이 도와달라고 요청하길래 바로 앞에서 거절함. 그 선배는 무시해도 상관없는 사람이기 때문임.

2. 선배가 도와달라고 요청했는데, 지금 당장 급한 일(예를 들면 팀장이 당장 달라고 재촉하는 일)로 정신이 없어 거절함.

혹시라도 사연자가 ①번이라고 대답하면 다시 물어볼 거에요.

"그럼 ○○님은 갑자기 쌀쌀맞게 모른척한다는 그 동료 직원이 예전에 도움을 요청했을 때 왜 거절하셨어요?"

"5시까지 마감하는 프로젝트로 너무 바빴거든요."

"그 동료 직원을 평소 미워하거나, 무시하거나, 언젠가 기회가 되면 복수하겠다는 생각을 가지셨나요?"

"네? 제가 왜요?"

"그러면 '상황상' 거절하신 거죠? 다른 숨겨진 의도가 있는 게 아니라."

"그럼요. 그 동료와는 평소에도 잘 지내는 편이에요."

"그러면 후배 직원도 '상황상' 거절했다고 생각하는 게 자연스럽지 않을까요? 숨겨진 의도가 있는 게 아니라?"

"…."

'상대방이 왜 그랬을까?'라며 숨은 의도를 찾지 말고 말은 말 그대로, 행동은 행동 그대로 받아들이면 인간관계가 단순해집니다. 상대방이 우리에게 일을 시원시원하게 처리해서 부럽다고 말하면 '일을 시원시원하게 잘 한다고 생각하는구나', '상대방은 나를 부러워하는구나'라고 말 그대로 받아들이세요. 대충 일한다고 비꼬는 건가, 의심하면 마음이 고단해집니다.

설사 백번 양보해서 숨겨진 의도가 있다고 해봅시다. 그러면 그들의 오해를 바로잡기 위해, 우리를 결국 좋아하게 만들기 위해 인고의 노력을 기울여야 할까요? 우리의 인생 전체에서 비중이 1%도 안 되는 사람들을 위해서요? 너무 비효율적입니다. 그러니 그냥 내버려 두세요. 어차피 시간이 조금만 지나도 그들은 나라는 존재를 기억조차 안 할 사람들인 걸요.

"

상대방은 우리의 삶에
그다지 관심이 없습니다.
대단한 의도를 가지고
얘기하지도 않습니다.

숨겨진 의도를 찾느라
인생을 낭비하지 마세요.

상대방의 말은 들리는 대로,
행동은 보이는 대로 받아들이면
인간관계가 단순해집니다.

해석은 대부분 부질없습니다.

모두에게
좋은 사람은 없다

'좋은 사람 + 가족 같은 조직' 증후군

모두에게 좋은 사람은 없다

기왕이면 동료와 좋은 관계로 지내는 게 좋습니다. 깨어 있는 시간의 절반 이상을 회사에 있는데, 구성원과 껄끄러운 관계라면 여러모로 피곤한 일입니다. 하지만 일의 본질적 특성상 모두에게 좋은 사람이 되는 건 불가능한 과제입니다. 짧은 기간 동안, 특정 사람에게는 될 수도 있지요. 하지만 장기적으로 모든 사람과 좋은 관계를 지속할 수는 없습니다. 왜냐하면 일터에서는 이해 당사자 간에 '좋은 사람' 정의가 상충하거든요. A에게 좋은 행동이 B에게는 피해가 되는 경우가 많습니다.

예를 들어, 많은 업무로 스트레스를 받는 홍 팀장이 있다고 해봅시다. 입사 동기인 최 팀장은 홍 팀장이 안쓰러워서 그 팀의 자질구레한 업무를 대신 맡기로 했습니다. 홍 팀장에게 최 팀장은 너무나 좋은 사람입니다. 하지만 졸지에 영양가 없는 잡무를 맡게 된 팀원들 처지에서는 최 팀장이 우유부단하고 팀원만 고생시키는 나쁜 사람이겠지요.

다른 예도 있습니다. 경영전략 워크숍을 준비하는 총무팀은 각 팀의 막내 직원들에게 도움을 받고 있다고 해봅시다. 특히, 디자인팀의 류 사원은 이번 주 내내 워크숍 준비에 열심입니다. 총무팀에게는 류 사원이 개념 있고 좋은 동료겠지만, 팀장이나 동료 직원으로서는 자기 업무는 미뤄놓고 다른 부서 행사에만 시간을 쏟는 철없는 직원입니다.

이렇듯 직장에서 모두의 요구를 충족시키는 건 불가능합니다. 모든 사람이 좋아하는 사람이 되는 건 이룰 수 없는 목표라는 거지요.

나 같은 타입을 싫어하는 취향을 존중하자

제가 사람들의 평가에 휘둘리지 않겠다고 결심한 계기가 있습니다. 대학교 시절의 일이에요. 그때 저는 1년에 영화 볼 두 시간조차 없을 정도로 바쁘게 살았습니다. 공부량도 많았고, 고정적으로 참석하는 모임도 많았습니다. 그런데 가끔 사람들이 저에게 충고를 해주는 경우가 있었습니다. (대학교 때만 해도 그런 일은 자주 일어납니다.) 저도 처음에는 굉장히 의욕적으로 경청했습니다. 일부러 물어보기도 했고요. 그런데 조금 지나자 무언가 이상하다고 느꼈습니다. 충고 내용이 이런 식이었거든요.

A 모임

"적극적이고 성취욕이 굉장히 높은 성격인 것 같아.
항상 이끌고 싶어 하고. 열심히 하는 건 좋지만
너무 에너지가 넘치면 금방 지칠 수도 있어.
고칠 필요가 있지 않을까?"

B 모임

"소극적이고 냉소적인 것 같아.
책임도 가급적 안 맡으려고 하고.
그렇게 지내면 나중에 사회생활이 어려울 수도 있어.
적극적인 성격이 필요해. 고칠 필요가 있지 않을까?"

믿을 수 없겠지만 같은 인물에 관한 평가입니다. 제가 다중인격이 아닌 이상 이렇게 극단적인 성격일 리가 없죠. 우선순위를 높게 둔 활동은 적극적으로 참여하고, 참여만이라도 해달라고 부탁한 활동에는 시간을 덜 쓴 것뿐인데요. 그러니 충고대로 저 자신을 바꾸려면 '덜 적극적이고, 더 적극적인' 성격이 되어야 합니다. 완전히 모순이죠.

그다음부터는 지각, 실수, 말투 등의 '행동'에 대한 조언은 진지하게 받아들였지만 '나 자신이 어떠해야 한다' 등과 같은 조언은 흘려들었습니다. 어차피 타인은 나에 대해 지극히 제한된 정보만 가지고 판단하는걸요. 본인의 사심과 기준을 잔뜩 섞어서요. 많은 부분이 오류투성입니다.

많은 직장인이 '나를 싫어하는 사람' 때문에 스트레스를 받습니다. 하지만 직장의 인간관계는 옆 쪽에 있는 표준편차 그래프의 전형적인 모습과 비슷합니다. 가운데가 볼록한 종 모양이죠. 68% 가까운 사람들이 가운데의 평균값에 몰려 있습니다. 양극단인 경우는 합쳐서 5% 수준이고요.

중간에 짙은 색 영역인 68%의 사람은 우리에게 관심이 없습니다. 회색인 13.5%의 사람들은 호감 또는 비호감을 느끼고 있지요. 옅은 감정 정도입니다. 우리를 매우 좋아하거나 싫어하는 사람은 그래프 양 끝의 2.5% 수준입니다. (물론 임원이 되면 비율이 올라갑니다)

만약에 구성원 대부분이 우리를 비방하고 손가락질한다면 자기

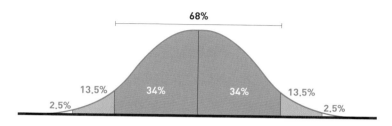

표준편차 그래프의 전형

성찰을 해봐야겠지만, 소수만 나를 싫어한다면 군이 이들에게 에너지를 뺏길 필요가 없습니다. 우리 같은 타입을 싫어하는 사람은 반드시 존재하게 되어 있습니다. 똑같이 행동해도 누구는 적극적이라며 좋아하고, 누구는 나댄다며 싫어하니까요. 나를 못마땅해하는 사람이 전체의 2.5% 정도라면 우리 탓이 아닙니다. 그 사람 탓도 아닙니다. 그냥 단순히 취향이죠.

그러니 우리 같은 타입을 싫어하는 2.5%와는 '큰소리로 언쟁을 하지 않는다' 정도로만 목표를 잡고 가능한 한 엮이지 않는 게 좋겠습니다. 군이 오해를 풀려고 애쓰지 마시고(취향 문제니 풀 수도 없습니다), 친해지려고 너무 고민하지 마세요. 그 사람들 때문에 자신의 삶을 심각하게 되돌아보지도 마시고 그냥 내버려 두세요. 인생이 훨씬 단순해집니다.

굳이 가족 같은 사이가 될 필요는 없다

우리나라 회식 문화의 미스터리가 있습니다. 회식을 좋아하는 사람은 거의 없는데, 꾸준히 반복된다는 겁니다. 사실 회식은 리더와 구성원 모두 부담스러워하는 자리입니다. 리더는 회식 자리를 주도해야 한다는 의무감과 친밀감을 빙자한 직원들의 권유로 과도하게 술을 많이 마십니다. 게다가 업무추진비가 모자라면 개인 돈도 많이 써야 하지요. 부서원은 회식이 업무의 연장선상이라 생각해 질색합니다. 원활한 사회생활을 위한 희생이라 생각하고 꾹 참을 뿐입니다.

이상한 건 또 있습니다. 몇 년 후 인사이동이 되면 다시는 안 볼 사람들이(굳이 다시 볼 정도로 친밀한 건 아니거든요), 서로의 사생활을 꼬치꼬치 물어보고 공유하는 게 당연하다고 생각합니다. 또한, 부서원끼리 그다지 친하지 않은 사이가 있다면 어떻게든 자리를 마련해 친해지게 하려고 애씁니다.

이런 걸 보면 자연스레 의문이 들어요. 왜 회식을 좋아하는 사람이 별로 없는데 비슷한 모임이 반복되는 걸까요? 몇 년 후에는 깔끔하게 서로를 머릿속에서 지울 사람들끼리 왜 이렇게 친밀한 관계에 집착하는 걸까요?

제 생각에 우리는 가족 같은 조직을 만들어야 한다는 묘한 집착이 있는 듯합니다. 물론 리더와 부서원, 부서원과 부서원끼리 신뢰와 믿음이 높으면 성과와 업무 만족도가 높은 건 사실입니다. 그리고 종일 같이 있는 사람들인데 서로 싫어하는 것보다는 좋아하는 게 훨씬 좋겠지요. 하지만 '가족 같은 조직'이란 애초부터 불가능한 미션입니다. 서로의 인생에 책임을 질 생각이 없는 생판 남이 모여서 어떻게 가족처럼 끈끈하게 되나요?

서로의 인생을 걸고 한마음으로 동업하는 스타트업 공동 창업자들을 생각해봅시다. 그들은 영화의 한 장면처럼 같이 먹고 자며, 울고 웃으며, 같은 목표를 향해 고군분투합니다. 헌신적이며 서로의 성공을 도울 준비가 되어 있지요. 상대방의 성공이 곧 자기 사업의 성공이니까요. 완벽한 한마음이며 강력한 헌신입니다. 혹시 이런 팀을, 이런 조직을 꿈꾸시나요?

하지만 우리는 그들 대부분이 어떤 결말을 맞는지 압니다. 성공하든지 실패하든지, 결과와 상관없이 온갖 섭섭함과 오해를 층층이 쌓고 원수처럼 헤어집니다. 지리멸렬한 소송은 덤이지요.

우리는 가족 같은 팀이 될 필요도 없거니와 되어서도 안 됩니다. 회사의 업무를 찬찬히 살펴보세요. 반드시 끈끈한 애착 관계가 있어야만 해결할 수 있는 업무는 없습니다. 혹시 정말 가족 같은 팀을 원한다면 '도박으로 빚을 탕진해서 거리로 나앉아도 차마 버릴 수 없는 막냇동생'을 대하듯이 '결근과 프로젝트 펑크를 밥 먹듯이 해서 다른 부서원들이 대신 고생하는데도 차마 버릴 수 없는 김 대리'를 대할 자신이 있으신가요? 그게 아니라면 '같은 부서라면 서로 친하고 끈끈해야지. 가족처럼'이라는 스트레스를 내려놓으시기 바랍니다. 그러지 않아도 충분히 괜찮습니다.

"

서로의 이해가 상충하는 직장에서
모두에게 좋은 사람이 되는 건
애초부터 불가능한 목표입니다.

아무리 애써도
나 같은 타입을 싫어하는
2.5%의 사람은 언제나 있습니다.
그러니 나를 싫어하는 사람을
의연히 받아들입시다.

내 탓이 아닙니다.
그 사람 탓도 아니에요.
그냥 취향인거죠.

"

모두에게 좋은 사람은 없다

말하지 않으면
아무도 모른다

동료에게 나의 '선' 말해주기

상대방의 부탁을 거절하는 게 겁이 나는 사람들

천 대리가 뻐근한 어깨를 주무르면서 시계를 보니 벌써 10시입니다. 정작 일을 부탁한 공 과장은 이미 퇴근한 후입니다. 이 일을 맡게 된 건 아까 점심 먹고 자리에 앉아 한숨 돌릴 때였습니다.

"천 대리, 지금 많이 바빠?"

"좀 바쁘기는 한데…. 괜찮아요. 말씀하세요."

"정말 간단한 것 하나 부탁할게. 최 교수님에게 의뢰한 연구보고서가 방금 왔거든. 그런데 200페이지가 넘는 분량이야. 상무님께 드릴 요약본 만들어줄 수 있을까? 주요 내용만 추려서 2페이지 이내로 간단하게 쓰면 되는 거야. 천 대리라면 두 시간도 안 걸릴 걸? 좀 부탁할게. 내가 지금 너무 바빠서 그래."

천 대리는 간단한 업무가 아니라는 생각에 머뭇거리고 있었는데, 공 과장이 이미 보고서를 책상 위에 올려놓고 고맙다며 자리로 돌아가 버립니다. 한숨을 쉬며 200페이지 보고서의 서론을 읽고 있으려니, 팀장이 박 과장에게 다가갑니다.

"공 과장, 최 교수님 연구보고서 받았지? 관련된 분석 보고서 내일 상무님께 보고할 수 있나?"

"제가 지금 금요일 컨퍼런스 준비 때문에 정신이 없어서 천 대리가 대신 하기로 했습니다. 천 대리. 내일까지 될까?"

"네? 아직 서론 읽고 있는데요."

"천 대리가 한다고? 그럼 좀 서둘러줘야겠어. 내일 아침에 상무님이 보자고 하셨거든. 간단하게 주요 내용 요약하고, 보완 요청해야 할 내용 정리해서 알려줘."

"…"

직장에서 일하다 보면 어, 하는 순간에 일을 떠안게 되는 경우가 있습니다. 업무 분담이 있어도 회색 지대는 언제나 있기 마련이라 "이건 제 일이 아닌데요."라고 단호하게 말할 수 없는 경우도 꽤 많습니다. 그런데 어떤 분들을 보면 남의 일을 하느라 하루를 분주하게 보내고, 정작 자기 일은 야근해서 메꾸거나 소홀히 하기도 해요. 이런 타입은 부담이 되더라도 가능한 한 남을 도와주려고 애를 씁니다.

천 대리 역시도 급한 일이 많았을지도 모르지요. 박 과장의 일을 도와주는 대가로 그날 야근을 했을 뿐 아니라 정작 밀린 자기 일을 하느라 주말에 출근했을 수도 있습니다.

문제는 이런 착한 분들이 곧 한계에 다다른다는 겁니다. 처음에는 좋은 마음으로 시작했어도, 상대방이 점점 더 뻔뻔하게 나온다는 생각이 들면 결국 폭발합니다. 그런데 정작 항의를 들은 상대방은 미안해하기는 커녕 황당해하는 경우가 꽤 많습니다.

"아니, 그동안 아무 소리 안 하다가 갑자기 왜 이래요?"

앞에서 제가 상대방은 우리에게 생각보다 관심이 없다고 말씀드렸지요. 우리는 나름대로 굳은 표정을 통해, 또는 '일이 많아 보이네요'라는 소심한 항의로, 또는 한숨으로 의사 표현을 분명하게 했다고 생각합니다. 하지만 상대방은 우리의 안색 따위 전혀 눈치채지 못할뿐더러 설사 눈치를 채더라도 그 정도의 소극적인 반응이라면 별문제가 아니라고 생각할 가능성이 큽니다. 밥이나 한번 사면 충분할 거라고 생각하는 거죠.

공 과장의 경우에도 천 대리는 어차피 일도 적은데 업무에 도움되는 보고서를 공부할 좋은 기회라고 생각했을 수도 있어요. 그 업무를 맡아서 내심 좋아하는지, 아니면 다른 업무가 너무 밀려서 도저히 손도 댈 수 없는 상태인지, 말을 하지 않는데 어떻게 아나요?

업무를 하면서 서로 어려울 때 도와주는 건 물론 좋은 태도입니다. 우리 역시 업무가 겹쳐서 몰려올 때 도움을 받을 일이 오니까요. 그러나 부담스러운 일이라면 사실을 분명히 알려주세요. 말해주지 않으면 모릅니다. 어두운 표정, 싫은 기색, 한숨, 투덜거림 등으로 상대가 눈치채기를 기대하지 마시고, 미안한 기색으로 정중히 거절하면 됩니다. 생각보다 별일은 일어나지 않습니다.

내가 말한 그것이 기준이 된다

다음과 같은 상황을 보신 적이 있으신지요.

"사장님, 이 목걸이 얼마에요?"
"손님이 안목이 있으시네. 그거 7만 원이에요."
"말도 안 돼. 이렇게 세공이 정교하고 보석도 많이 박혀 있는데요? 너무 싸게 파시네요. 제가 15만 원 드릴게요."

　저는 본 적 없습니다. 사장이 7만 원으로 평가했는데, 사는 사람이 15만 원을 주지는 않지요. 설사 속으로는 20만 원 이상의 가치를 느꼈다고 하더라도 기쁜 마음으로 7만 원을 낼 겁니다. 오히려 좀 더 깎으려고 시도할 수도 있지요.

　회사에서도 마찬가지입니다. 자기가 말한 것이 기준이 됩니다. 그런데 많은 주니어 직장인, 특히 여성들이 아예 말을 안 하거나 기준을 낮게 부릅니다. 그래서 얻을 수 있는 걸 눈앞에서 놓치곤 하죠. 승진이나 연봉, 해외 연수 기회 같은 중요한 문제에서요.

　예를 들어, 부서의 승진 대상자 두 명 중 한 명만 승진할 수 있는 상황을 가정해보겠습니다. 두 명 모두 자기의 성과가 더 낫다고 생각하겠지만 리더가 보기엔 비슷합니다. 성과의 영역이 다를 뿐이죠. 그런데 한 직원은 기회가 있을 때마다 승진에 대한 열의를 나타냅니다. 그리고 다른 직원은 관련 주제에 대해 한마디도 하지 않고 조용히 일합니다. 그러면서 속으로 '프로젝트를 1년 동안 잘했으니까 당연히 나를 챙겨주겠지'라고 생각합니다.

　누가 하나뿐인 승진의 자리를 가져갈까요? 대부분은 열의를 드러낸 직원에게 주게 됩니다. 상사는 조용히 있는 직원을 바라보며 승진에 별로 관심이 없거나, 또는 어쩌면 승진하는 걸 부담스러워

할지도 모른다고 마음 편하게 생각하기 쉽습니다.

"저도 여러 번 표현했다고요!"

"뭐라고 얘기하셨는데요?"

"아니, 직접 얘기한 건 아니지만, '동기인 이 대리는 벌써 승진했다'라는 식으로 얘기한 적도 있고, 얼마 전에는 제가 입사 몇 년 차라는 것도 다시 한번 말했다고요."

"음…. 평소 업무 얘기를 해도 조금만 틈을 주면 딴생각하는 주의력결핍증후군 상사가 그 얘기의 뉘앙스를 예민하게 알아차렸을까요? 설사 알아차렸어도 중요하게 기억하고 있을까요?"

그러니 표현하세요. 원하는 게 있으면 직접 얘기하세요. 말한다고 반드시 들어주는 건 아니지만, 말하지 않으면 영영 모릅니다. 거절당하면 뭐 어때요? 말 안 하면 어차피 안 될 텐데요.

부담스러운 일은
'No'라고 얘기하면 됩니다.

거절하는 건
상대방을 부정하는 게 아니라
우리가 어디까지 할 수 있는지
'친절히' 알려주는 겁니다.

그러니 말해주세요.

말하지 않는데
그게 사소한 부탁인지,
큰 부탁인지
상대방이 무슨 수로 알겠어요.

상사와도
밀당이 있다

선 긋기의 기술

인간관계에서 우리는 끊임없이 '선'을 체크한다

직장생활을 시작했을 때, 첫 본부 회식에서 남자 본부장과 직원들이 노래방에서 손을 잡고 (소위 블루스라 불리는) 춤을 췄던 기억이 나네요. 도대체 좁은 노래방에서 왜 춤을 추는지 의문입니다. 사회 초년생인 저는 원래 이게 직장문화인가 싶은 생각이 들기도 했고, 더듬는 식의 신체 접촉은 없었기 때문에 딱히 정색하기도 어려웠습니다. 남자 본부장과 남자 직원끼리도 서로 손을 잡고 춤추기도 했으니까요.

하지만 1년이 지나자 이런 문화는 갑자기 사라졌습니다. 남자 본부장과 남자 직원이 서로 춤을 추기는 해도 여자 직원에게 요청하는 경우는 없어졌습니다. 갑자기 왜 이렇게 바뀐 걸까요?

상사들이 스스로 깨달아서가 아닙니다. 그 당시 직장 성희롱과 성추행에 대해 기업들이 강경한 태도를 보이기 시작했기 때문입니다. 정기적인 교육이 생겼고, 성추행한 대기업 임원들은 하루아침에 잘려나갔습니다. 적어도 100대 안에 드는 기업의 간부라면 성희롱과 성추행이 증명되는 순간 나락으로 떨어졌습니다.

이런 움직임을 지켜보던 남성 또는 여성 관리자들은 재빨리 행동을 수정합니다. 그 전에는 '술 취해서 나도 모르게' 했던 행동이 '아무리 술에 취해도 절대 하지 않는' 행동으로 바뀐 겁니다. 불과 1년만에 말이죠.

그래서 저는 "술 취해서 나도 모르게 했다."는 식의 말을 믿지 않습니다. 아무리 술에 취해도 '나도 모르게' 평소 꼴 보기 싫어하던 사장의 뺨을 때리는 사람은 없습니다. 까마득히 높은 상사의 허벅지를 더듬는 일도 없습니다.

우리는 의식적으로, 무의식적으로 상대방에게 어디까지 해도 괜찮은지를 판단하는 '선'을 갖고 있습니다. 그리고 이 선은 상대에 따라, 상황에 따라 다양하게 변합니다. 누가 일괄적으로 정해서 그어주지 않으니까요.

상사와의 밀기 : 내가 수용할 수 있는 '선' 알려주기

혹시 이런 고민이 있으신가요?

"상사가 특히 나한테 막말해요. 함부로 대한다는 느낌을 받아요. 다른 직원들에게는 이 정도까지 하지 않는데 말이에요."

"귀찮은 프로젝트가 있으면 꼭 저한테만 시켜요."

"야근이나 주말 출근이 있으면 제 업무가 아닌데도 꼭 저를 불러요. 다른 직원들도 있는데요. 돌아가면서 시켰으면 좋겠어요."

인간관계의 '선'이라는 건 끊임없이 변합니다. 똑같은 사람과도 시간이 지나면서 바뀌기도 하고요. 상사와 부서원 간의 관계도 마찬가지입니다. 다음 사례를 살펴보시죠.

◇ 1단계

팀장 : 아니, 보고서가 왜 이래요?

팀원 : 네?

팀장 : 데이터 숫자가 틀렸잖아요! 확인을 제대로 안 하면 어떻게 합니까? 우리 부서 업무의 기본이잖아요.

팀원 : 죄송합니다. 고쳐오겠습니다.

팀장 : (이 정도까지는 얘기해도 괜찮구나.)

◇ 2단계

팀장 : 아니, 보고서가 왜 이래요?

팀원 : (안절부절못하며) 무슨 문제라도?

팀장 : (언성을 높이며) 출처와 데이터가 엉망이잖아! 일을 이따위로 하면 어떻게 해?

팀원 : 죄송합니다. 고쳐오겠습니다.

팀장 : (이 정도까지는 얘기해도 괜찮구나.)

◇ 3단계

팀장 : 아니, 보고서가 왜 이래?

팀원 : (안절부절못하며) 무슨 문제라도?

팀장 : (고함을 치며) 내용이 쓰레기잖아! 이걸 어디에 써? 생각이 있는 거야 없는 거야?

팀원 : (표정을 굳히며) 말씀이 좀 심하신 것 아닙니까?

팀장 : (어? 이 정도는 안 되는 건가? 그래도 한번에 굽힐 수는 없지.) 일 처리를 이따위로 하니까 그런 것 아니야!

팀원 : ….

팀원은 밖으로 나갔다가 한 시간 정도 마음을 추스리고 난 후 돌아왔습니다. 그러고도 종일 팀장의 얼굴을 제대로 쳐다보지 않고 어두운 표정으로 있다가 6시가 되자마자 퇴근했습니다. 보고서는 당연히 주지 않았죠. 그 이후로도 몇 주가 지나도록 팀원이 굳은 표정으로 일하고 있는 터라 팀장은 일을 시킬 때마다 어색하고 불편해서 어쩔 줄 모릅니다.

자, 이 경우에 '선'은 어디일까요? 그렇죠. 모두 눈치채신 대로입니다. 2단계와 3단계 사이입니다. 1, 2단계에서는 팀원이 별다른 반응을 보이지 않았습니다. 반성하는 태도만 보였죠. 하지만 3단계에서는 '선'을 넘었다는 표현을 분명하게 했습니다.

팀원과 팀장이 합의한 막말의 '선'

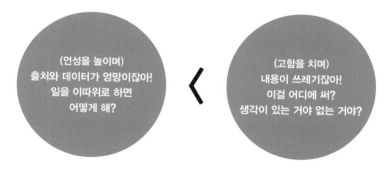

이처럼 '선'은 합의하기 나름입니다. 물론 1단계에서는 반성하는 태도를 보이는 게 맞습니다. 업무 지적이 막말은 아니니까요. 설사 기분이 나빴더라도 말이죠. 대신, 제 생각에 김 대리는 2단계에서도 좀 더 분명한 태도를 취해주면 좋겠군요.

선을 말해주지 않으면 어떻게 되냐고요? 상사 또는 경영자가 긋고 싶어 하는 가장 이상적인 '선'이 계속 시도될 겁니다. 아마도 이상적인 선은 이 정도일 겁니다.

'회사를 위해 개인 시간을 언제든 희생할 준비가 되어 있고, 어렵고 힘든 도전적인 일을 맡길수록 좋아함. 남들이 맡기 싫어하는 업무를 맡겨도 흔쾌히 승낙하고, 일이 잘못 되었을 때 큰소리로 혼내도 뒤탈이 없는 사람임. 야근이나 주말 출근해야 하는 업무가 생겼을 때 언제든 요청해도 됨. 그리고 승진 같은 기회가 있을 때 상황상 다른 사람 먼저 챙겨줘도 충분히 이해할 사람임.'

어디 한번 도전해보시겠어요? (웃음)

아니라면 자신의 '선'을 표현해주세요. '선'을 알려주지 않으면 이번 한 달 동안 빡세게 진행한 프로젝트가 원래의 '선'을 넘을 정도로 최선을 다해 열심히 일한 건지, '선'에 반도 안 될 정도인 일상 업무인지 어떻게 알겠습니까. '선'을 알려주지 않으면 우리 고

생은 제대로 평가받지 못합니다. 고마워할 일과 미안한 일의 경계도 애매해집니다.

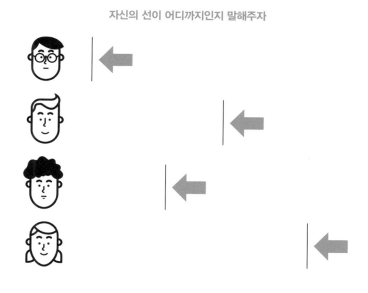

자신의 선이 어디까지인지 말해주자

상사와의 당기기 : 상사가 잘되는 편에 서기

직장생활에서 가장 중요한 관계를 꼽으라면 '직속 상사와의 관계'라고 하겠습니다. 여기서 직속 상사란 사수와 같은 직장 선배를 말하는 게 아니라 팀장이나 본부장처럼 업무나 인사고과의 결정권을 가진 사람을 의미합니다. 설사 옆자리 동료와 도원결의를 맺을 정도로 친하다고 하더라도, 직속 상사와 원수 같은 관계라면 직장생활은 끔찍해집니다.

누군들 상사와 잘 지내고 싶지 않겠어요? 그러니 밀려드는 업무 지시를 순순히 적고, 깨알 같은 잔소리에 맞춰서 일을 수정하는 거겠지요. 그리고 억지로라도 웃으며 인사하고, 마음에도 없는 칭찬을 하기도 합니다. 갑작스러운 저녁 미팅 요청에 개인 약속을 조용히 취소하기도 하지요.

상사와 잘 지낼 수 있는 단순하지만 확실한 팁이 있습니다. 바로 그들이 잘되게 도와주면 됩니다. 그것도 티 나게. 생색내며 말이에요. 상사는 매일같이 직속 상사에게 시달리고 있는 것 아시죠? 그 윗 상사는 또 경영진에게 시달리겠지요. 그러니 그들을 가장 도와주는 길은 회사에서 인정받을 수 있도록 만드는 겁니다.

예를 들어, 팀장이 본부장으로부터 "연구 실적이 형편없다."는 질책을 끊임없이 받는다고, 또는 사업 계획 수립 때문에 머리를 싸매고 있다고 해볼게요. 가장 필요한 도움이 무엇이겠습니까? 성과가 날 만한 연구 시리즈를 기획해서, 사업 계획을 함께 고민해서 팀장에게 제안하면 됩니다. 그러면서 이렇게 얘기하는 거죠.

"팀장님, 본부장님이 우리 팀에 연구 실적이 없다고 계속 질책하시잖아요? 그래서 제가 이런 연구 시리즈를 기획해봤습니다. 5대 신산업에 관한 내용인데, 요즘 기업과 언론에서 이런 분야에 무척 관심이 많다고 하더라고요."

"제가 비서실에서 들었는데, 최근 대표님이 신산업에 관심이 많으시대요. 앞으로 5년 후면 경영 일선에서 물러나실 텐데 그 전에 새로운 주력 사업을 만들고 가야 한다는 압박감이 있으시답니다. 팀장님, 그러니 우리 팀은 이쪽으로 집중하는 게 어떨까요? 그러면 관심과 지원도 많이 받고, 성과도 확실히 날 수 있을 것 같아요."

그리고 자랑할 좋은 소식이 있으면 주기적으로 정리해줍니다.

"팀장님, 저희가 출시한 신제품 첫 달 매출이 15억 원이에요. 제가 좀 조사해보니 지금까지 우리 회사 신제품 첫 달 매출 중 가장 높았던 게 7억 원이랍니다. 그러니 저희가 신기록을 경신했을 뿐 아니라 기존 기록을 두 배 이상 뛰어넘은 거예요. 위에 보고하실 때 자랑 좀 하셔도 되겠습니다."

세상에. 이런 팀원을 만나다니. 팀장은 그 사람이 다른 회사나 부서로 가지 않도록, 몸 상태가 나빠져서 일을 못 하는 일이 없도록 세심하게 배려할 겁니다. 갑자기 제안하는 저녁 약속을 거절해도, 선을 넘는 표현에 분명하게 거부 의사를 표현하더라도 악감정을 가질 가능성이 적습니다. 팀장의 고충을 누구보다 잘 이해하며 같이 해결해주려고 애쓰고 있는 내 편이니까요.

회사 인맥을 넓히려고 온갖 동호회에서 활동하고, 여러 부서의 리더들과 친하게 지내느라 돈과 시간을 쓰는 사람들이 있지요. 그것보다는 위와 같은 접근법이 훨씬 효율적이랍니다. 평판과 커리어 관리 두 가지 측면에서 모두 말이죠.

직장에서 최고의 평판은 '상사를 승진시키는 사람'이거든요.

모든 인간관계는 넘으면 안 되는
암묵적인 '선'이 있습니다.
우리는 의식적으로, 무의식적으로
상대방에게 어디까지 해도 괜찮은지
'선'을 확인합니다.

상대방에게 자신의 '선'이
어딘지 알려주세요.
알려주지 않으면
선은 점점 더 참기 어려운 수준까지
가깝게 그어집니다.

상사와도 밀당이 있다

그래서 갈 거예요,
말 거예요?

꿈의 직장 판타지

계속 다니긴 괴롭고 그만두긴 아쉬운 곳이 회사

많은 직장인이 회사에 대한 양가적 감정을 갖고 있습니다. 계속 다니기는 괴롭고, 그만두기에는 아쉽죠. 예전에는 직장을 한번 들어가면 평생직장이었고, 50대 초반에 퇴직하면 산악인이 되거나 치킨집 같은 자영업을 하는 것 외에는 별다른 대안이 없었습니다. 좋게 말하면 고민이 덜하고, 정확하게 말하면 선택지가 좁은 시대였지요. 하지만 지금은 40대, 50대라도 '이제라도 새로운 삶을 모색해봐야 하나?' 고민하는 사람이 많습니다.

남들이 부러워할 만한 기업에 들어간 청년들도 마찬가지예요.

학창 시절에 막연히 짐작했던 삶과 괴리되는 현실을 보면서 방향을 바꿔야 할지 고민합니다. 평생의 커리어가 될 나만의 사업을 하고 싶은 마음이 들기도 해요. 한때는 카페 창업이 막연한 동경의 대상이었다면 이어서 동네 독립서점이 그 자리를 대신했습니다. 출근길 인파에 시달리며 상사의 잔소리를 듣는 삶에서 벗어나 원하는 시간에 출근해서 커피 향과 함께, 새 책 내음으로 시작하는 삶은 생각만 해도 두근거릴테죠.

어떤 사람은 돈을 벌기 위해 쳇바퀴처럼 살아가는 일상보다는 공공의 선한 가치를 추구하고 싶을 수 있습니다. 전 세계 곳곳을 다니며 어려운 사람을 위한 마을을 세우고, 멋진 프로젝트들을 완수해나가는 NGO단체나 사회적 기업을 보면 가슴이 두근거립니다. 그러면서 현실의 자신이 하는 일, 즉 영수증 처리를 하거나 회의 자료 프린트물에 스테이플러를 가지런히 찍는 일 따위를 바라보며 회의감에 빠집니다. 그러면서 생각하죠.

'어딘가 나에게 정말 잘 맞는, 신나는 일이 있지 않을까?'

가슴 뛰는 일로만 구성된 일은 없다

자신만의 가게를 차려서 소박하게 살거나, 소명을 따라 가치 있는 일에 인생을 거는 삶은 분명히 좋은, 보람 있는 삶입니다. 하지만 세상에는 싫어하는 일로만, 혹은 좋아하는 일로만 가득 찬 직업은 없어요. 대부분은 두 가지가 혼재되어 있습니다.

자신만의 작은 가게인 카페를 열었다고 생각해볼까요. 아래의 표는 카페를 경영할 때 경험할 수 있는 좋은 일과 싫은 일을 보여줍니다. '좋아하는 일'로만 가득차 있지 않죠? 막말하는 직장상사를 만날 가능성보다 무례한 손님을 만날 가능성은 언제나 더 큽니

커피숍 사장이 된다면?

좋아하는 일	싫어하는 일
• 직장 상사가 없다.	• 동네 주민 모두가 직장 상사다.
• 출퇴근이 자유롭다.	• 주말에도 쉴 수 없다.
• 좋아하는 커피를 마음껏 마실 수 있다.	• 손님 때문에 커피를 여유 있게 마실 시간이 없다.
• 나이가 들어도 계속 돈을 벌 수 있다. (망하지 않는다면)	• 임대료, 인건비 등을 제외하면 박봉인 경우가 많다.
• 잘릴 염려가 없다.	• 언제라도 망할 수 있다.
• 동기나 후배들의 견제나 질시를 받을 일이 없다.	• 주변 업체와 늘 경쟁해야 한다.
• 갑자기 상사가 야근하라고 하는 경우가 없다.	• 주 6회, 하루 10시간 가까이 일해야 한다.
• 싫어하는 동료와 계속 같이 일 할 필요가 없다	• 아르바이트생이 걸핏하면 그만 두거나 사고를 친다.

다. 자영업을 하면서 원하는 시간에 쉬거나, 가게 문을 닫고 열흘씩 여행을 다니는 경우는 정말 드뭅니다.

세상을 좀 더 나은 곳으로 만드는 NGO나 사회적 기업에서 일하는 건 어떨까요? 몸은 좀 힘들지 모르지만 보람차고 행복하지 않을까요? 물론 그럴 수도 있습니다. 재능과 시간을 선한 일에 쓰기로 한 결심은 큰 응원을 받을 만한 일입니다. 하지만 사표 내기 전에 말씀드리자면, 이런 곳의 업무는 '가슴 벅찬 보람 20% + 잡무 / 고강도 근무 / 박봉 80%'인 경우가 대부분입니다. 가슴 뛰는 일들로만 구성된 직무는 세상에 없어요.

우리가 사진이나 영상으로 접하는 감동적인 장면은 프로젝트의 마지막 클라이맥스 한순간이거든요. 대부분은 후원자 리스트 정리, 세계 각지에서 날아오는 영수증 처리, 우편 발송, 교통편 예약, 후원자 관리 및 모집, 프로그램 개발, 사진 정리 등등 끝도 없는 일상적 업무들이 이어집니다.

쉽게 말해 일반 기업보다 잡무가 압도적으로 많습니다. 후원 물품을 나눠주며 환하게 웃는 사람이 되기보다는 후원 물품을 최저가로 발품 팔며 구매해서 새벽 2시까지 포장하는 사람이 될 가능성이 큽니다. 게다가 영세하고 후원에 의존하는 많은 기관의 특성상 후원자를 모집하기 위해 많은 시간을 투자해야 합니다. 개인마다 후원자 모집 숫자 할당이 있고 매주 월요일마다 실적 압박을 받는다고 하면, 어떤 마음이 드실지 모르겠습니다.

이런 조직을 깎아내리려는 게 결코 아닙니다. 회사의 쳇바퀴처럼 돌아가는 일상이 지겨워서, 의미를 찾지 못해서 선택하면 안 된다는 의미입니다. 일상이 지겨워 선택한 그 곳이 오히려 회사보다 더 쳇바퀴 같은 일상이 될 수 있어요. 후원금 독려 전화를 241번째 하면서 가슴이 뛸 수는 없습니다. 일이란 원래 그런 겁니다.

계속 갈 건지, 헤어질 건지 태도를 분명히 정하자

향기로운 커피와 함께하는 카페 운영이, 세상을 더 좋은 곳으로 바꾸는 NGO의 업무가 '좋은 일'과 '싫은 일'로 복잡하게 얽혀 있듯이, 회사 업무도 '좋아하는 일'과 '싫어하는 일'이 복잡하게 섞여 있습니다. 그러니 지금 하시는 직장의 좋아하는 일, 싫어하는 일의 리스트를 적어보시기 바랍니다.

프로젝트를 하면서 새롭게 배우는 걸 좋아하고, 사람들과 협업하면서 일이 진척되는 모습을 좋아하고, 산더미 같은 일을 하나하나 해나가다 어느 순간 체크리스트가 다 채워졌을 때의 짜릿함을 좋아하고, 나만의 책상과 컴퓨터가 있는 공간을 좋아하고, 정해진 날짜에 합의된 금액이 꼬박꼬박 입금되는 예측 가능한 삶을 좋아하고, 조금씩 돈을 모아 1년에 한 번 원하는 여행지로 떠나는 경제적 여유를 좋아하고, 회사 동료와 휴게실에서 상사 욕을 하면서 마시는 커피 한잔을 좋아할 수 있습니다.

반대로 대안도 없이 재촉만 하는 무능한 상사를 싫어하고, 발전 없이 반복되는 지루한 프로젝트를 싫어하며, 걸핏하면 자기 자랑에 여념이 없는 직장 동료를 싫어할 수 있습니다. 또는 출근부터 퇴근까지 특별한 이유가 없으면 자리에서 벗어나면 안 되는 구속을, 회사 일정에 맞춰 여름 휴가를 가장 비쌀 때 가야 하는 낭비를, 그리고 영양가 없는 지루한 회의를 싫어할 수 있습니다.

현실은 이렇게 양가적입니다. 두 개의 리스트를 찬찬히 바라보세요. 그리고 결정합시다. 계속 가겠어요, 아니면 헤어지겠어요?

계속 간다면 우울한 표정으로 다니지 말고, '현재의 내가 선택할 수 있는 곳 중에서 좋아하는 요소를 가장 많이 가진 곳'이라고 받아들입시다. 최대한 배울 것을 배우고, 가져갈 건 가져가자고요. 그리고 직무와 부서 변경 등으로 싫어하는 걸 줄이고, 좋아하는 걸 늘리는 방법을 찾아보세요.

헤어지기로 했다면 정중하고 나이스하게 헤어집시다. 잘 사귀다가 헤어질 때 온갖 악담을 퍼붓는 연인이 최악이듯이, 회사에 아무 소리 안 하고 꾹 참고 있다가 사표를 내면서 온갖 히스테리를 부리는 사람도 최악입니다. (마음 속으로는 드라마 속 사이다 같은 장면을 해보고 싶겠지만 참으세요.) 세상은 생각보다 좁습니다. 언제, 어디서, 어떤 모습으로 다시 만날지 어떻게 아나요. 다시 만났을 때 얼굴이 화끈거리지 않으려면, 서로 어색하게 미소짓지 않으면 헤어질 때의 뒷모습을 가능한 한 나이스하게, 아름답게 남겨주세요.

"

가슴 뛰는 일, 나에게 딱 맞는
완벽한 일이 어딘가 있고,
내가 아직 찾지 못했다고 생각하면
오산입니다.

모든 일은
'좋아하는 일'과 '싫어하는 일'이
복잡하게 섞여 있습니다.
가슴 뛰는 일로만 구성된
일은 없습니다.

"

그래서 갈 거예요, 말 거예요?

관계를 갉아먹는
트랩 치우기

약탈자[Predator] **대처법**

직장 갑질

거의 모든 사람이 역경은 견뎌낼 수 있다.

그러나 한 인간의 인격을 시험해보려면

그에게 권력을 주어보아라.

— 에이브러햄 링컨 *Abraham Lincoln* —

잊을 만하면 뉴스에 각종 '갑질'이 도배됩니다. 갑질의 분야는
대형 아웃렛처럼 다양한 카테고리로 나뉘어 있는 모양인지 그 형
태도 다양합니다. 재벌의 히스테리부터 어린 주차요원을 무릎 꿇

린 백화점 모녀, 비닐 분리수거 못하게 했다고 경비원을 폭행한 아파트 노인까지 각양각색의 레퍼토리가 있으니까요. 다양한 형태의 갑질을 보면 재력, 나이, 장소가 크게 문제가 되는 건 아닌 것 같아요. 중요한 두 가지 요소가 충족되면 갑질은 언제든 일어날 수 있습니다. '상하가 구분되는 권력관계', 그리고 '약자는 함부로 대해도 된다는 배짱'이 그것입니다.

간호사의 '태움' 문화가 화제가 된 적이 있지요. 소위 신입 간호사의 몸과 영혼이 탈탈 털리도록 태우는 행위를 의미하는데, 그 정도가 얼마나 심한지 소중한 자신의 목숨을 끊는 비극마저 일어났습니다. 갑질은 당하는 사람의 정신을 바스러뜨리기 때문에 위험한 전염병입니다. 갑질에는 반드시 '모욕적인 행위나 의도'가 포함되고, 당하는 또는 보는 사람이 비슷한 갑질을 학습하게 되기 때문이죠.

이런 전염병이 가장 창궐하는 위험 지역은 어디일까요? 이 책을 읽으시는 분들은 다들 정답을 아시리라 믿습니다. 바로 직장입니다. 직장처럼 상하관계가 조직도로 친절하게 그려져 있는 곳은 드물죠. 제아무리 갑질 고객이라고 하더라도 '저딴 고객의 면상은 다시 보지 않겠다!'라는 결심을 하면 우리도 삿대질하며 내쫓을 수 있습니다. 그러나 갑질의 대상이 상사라고 하면 어떻게 할 건가요. 그의 면상을 보지 않는 길은 오직 이직이나 인사이동뿐이니 많은 직장인의 고민이 여기서 시작됩니다.

상사나 동료가 갑질하는 방법은 다양하므로 대처법도 여러 가지가 있습니다. 그중 막말과 폭언, 위협적인 행동 등을 할 때 대응할 수 있는 가장 실질적이고 손쉬운 방법 세 가지를 소개합니다.

폭언과 막말 상사는 두말할 것 없이 가장 비열한 유형입니다. 만약 이런 괴롭힘을 당하고 있다면 반드시 전문기관의 도움을 받기를 권합니다. 그리고 저에게 메일을 보내면 최우선으로 도와주겠습니다. 인격이 유아기 수준인 사람이라서 '사람들에게 못되게 굴면 안 돼요'라는 기본기조차 없으니 도대체 누굴 탓해야 할지요.

이런 사람들은 하나님을 만나 인생의 전환이 있기 전에는 변하지 않으니 미리미리 포기합시다. 그러면 계속 괴롭힘을 당해야 할까요? 아니죠. 아래의 키워드를 기억하세요.

"막말 상사 대처법은 바퀴벌레 퇴치법과 같습니다."

공동주택에서는 정기적으로 바퀴벌레 약을 집마다 설치해줍니다. 여기에는 조건이 있죠. 모든 집이 해야 제대로 된 효과를 봅니다. 몇몇 집이 빠지면 바퀴벌레들이 온통 그 집으로 몰려가서 아지트로 삼는 불상사가 벌어지거든요. 바퀴벌레 약은 절대로 바퀴벌레를 멸종시킬 수 없습니다. 핵폭발이 일어나서 모든 종이 멸종해도 바퀴벌레는 살아남을 거라는 주장도 있으니, 이 싸움은 우리가 불리합니다. 우리가 선택할 수 있는 최선은 바퀴벌레가 살 집을 고를 때 우리 집이 최대한 불편하도록 만들어 다른 곳으로 가도록 유도하는 것입니다.

폭언하는 상사에 대한 대처법도 유사합니다. 그가 폭언을 했을 때 최대한 상황이 불편해지게 만드는 것이죠. 사람은 누구나 행동하면서 어디까지 허용되는지 끊임없이 선을 체크한다고 말씀드렸죠? 폭언과 막말을 했는데 우리가 잠시 멈칫했다가 다시 웃으면서 시키는 대로 한다면 당연히 그 폭언과 막말은 '서로가 암묵적으로 합의하는 선'이 되어 버립니다.

첫째, 폭언과 막말을 들으면 웃어넘기지 마시고, 최대한 충격받은 표시를 내세요. 다소 유치하지만, 마음을 좀 정리해야겠다며 다음 날 휴가를 쓰는 것도 방법입니다. 아니면 "말씀이 좀 심하신 것 같습니다."라고 말한 후 한 시간 동안 나가 있는 것도 나쁘지 않습니다. 어쨌든 계속 일을 시켜야 하는 상사를 최대한 불편하게 만들어서, 다음번에 폭언할 때 주춤하게 만들어야 합니다.

폭언한 상사를 인사팀, 노조, 외부 전문기관 순으로 점차 강도를 높여 정식 항의하는 방법도 있습니다. 징계 여부가 확정될 때까지는 굉장히 불편한 상황이 되고 인사 불이익을 받을 수도 있지만, 최소한 다음번 상사는 우리를 대할 때 조심할 가능성이 큽니다. 무조건 참지 않는 사람이라는 선례를 지켜봤으니까요.

둘째, 전화로 막말을 하는 경우라면 자동녹음 기능을 설정하세요. 그리고 이 사실을 은근슬쩍 계속 알려줍니다. 서비스를 신청하는 표면상의 이유는 중요한 클라이언트와의 통화 기록용이라고 말씀하세요. 또한, 중요한 회의나 미팅의 경우 늘 녹음을 해두는 꼼꼼한 성격임을 어필하세요.

이러한 녹음은 상사가 말을 조심하게 만드는 중요한 동기가 될 뿐 아니라, 나중에 그 분을 깔끔하게 집으로 보내드릴 증거자료가 됩니다. 중견기업만 하더라도 폭언과 막말을 하는 직원이라면 영업의 전설적인 귀재나 핵심 특허 기술을 가진 엔지니어가 아닌 이상 회사는 그 사람과 더 이상 함께 가지 않습니다.

마지막 방법은 평소에 동료들끼리 서로를 도와주는 것입니다. 실제로 막말하는 사람은 못된 행위를 그만둘 이유가 딱히 없습니다. 피해자는 순간 얼어붙어서 제대로 대응 못하는 경우가 대부분이고요. 이때 주변 동료들이 작게라도 피해자를 지지하는 신호를 보내주면 큰 도움이 됩니다. 누군가 "어휴, 좋은 말로 해도 알아들을 텐데 왜 그러세요. 옆에서 듣는 저까지 몸이 따끔따끔하네.", "아이고, 요새는 그렇게 하면 고소 당한대요. 저는 본부장님 오래 보고 싶습니다." 처럼 한마디 건네고 주변에서 웅성웅성 동조하면 분위기는 순식간에 바뀝니다.

사내 가십

직장은 다양한 사람이 모여 일을 하는 곳이다 보니 좋은 인간관계를 맺는 편이 여러모로 유리합니다. 클라이언트 변덕이나 고객 진상 짓에 화가 끝까지 치밀어도, 좋은 동료들을 보며 마음이 풀리곤 하니 말입니다. 수면시간을 제외하면 평일 대부분의 시간을 함께 보내는 사람들이니, 좋은 관계를 맺는 건 우리 삶의 질을 위해서도 중요합니다.

사내 가십에는 워낙 다양한 유형이 있다 보니 모두 다루기는 어렵습니다. 여기에서는 소위 '가십 메이커'가 활약하는 집단 문화에서 가십의 희생양이 되지 않는 방법을 얘기해볼까 합니다.

먼저 가십 메이커의 전형적인 모습을 말씀드리겠습니다. 드라마에서 보는 것처럼 사무실을 휘젓고 다니는 스타일이라고 생각하시나요? 그런 경우는 거의 없어요. 그런 사람은 가십 메이커가 아니라 트러블 메이커며, 공공연한 골칫덩어리라 목소리는 클지 몰라도 영향력이 없습니다. 우리가 주의해야 하는 가십 메이커는 다정하며 모든 고민을 다 들어줄 것 같은 푸근한 선배(직급은 그대보다 낮을지라도 입사 연도가 높거나 나이가 많은)의 모습을 띠고 있어요.

'고민 상담이나 도움이 필요하면 언제든지 말해'라는 아우라가 온몸에서 풍기는 사람이죠. 매사에 이런 태도다 보니 많은 사람과 친하고, 듣는 소문도 많습니다. 이러한 인간관계와 정보력은 그들을 중요한 사람으로 만드는 귀중한 발판이 되지요. 그들을 주축으로 한 모임은 각종 루머가 생산되고 공유되는 주요 허브입니다.

가십 메이커와 절친이 되는 것도 문제지만 적이 되면 더 문제입니다. 그러니 이런 미묘한 사이를 나이스하고 단순하게 대처할 수 있는 실질적인 방법을 얘기해보겠습니다.

첫째, 가십 메이커의 영향력을 인정하고 존중하세요.

앞에서 말했듯이 가십 메이커는 직급이 낮을 수도 있고, 승진 한계가 뚜렷한 전형적인 '아줌마/아저씨 직장인'일 수 있습니다. 혹시라도 철없는 마음으로 '내가 상사인데'라는 유세를 떨지 말기를 바랍니다. 일을 시키지 말라는 게 아니라 자존심을 건드리지 말라는 겁니다. 특히, 다음과 같은 행동은 절대 하지 말아야 하는 예시입니다.

- 직급을 빼고 하대하는 투로 부른다.
- 개인 심부름 같은 업무를 시킨다.
- 다른 사람 앞에서 면박을 주거나 쓸데없는 기 싸움을 한다.

부디 이런 발언이나 행동은 절대 하지 말기를 조언합니다. 물론

Part V. 단순하게, 관계 맺다

이런 행동은 누구에게든 하면 안 되겠지만요. 이 싸움을 건 순간 반드시 질 거예요. 어떤 형태로든.

둘째, 진짜 문제는 얘기하지 마세요.

슬픔을 나누면 약점이 되고
기쁨을 나누면 질투가 된다.
– 드라마 '청춘시대' 중에서 –

직장상사나 동료 험담, 치명적인 가족의 문제점(배우자와의 심각한 불화, 가족 간 소송 등), 이직 고민 등의 얘기들은 사내에서 나눌 게 아닙니다. 가십 메이커가 이보다 훨씬 심각한 자신의 문제를 먼저 얘기하더라도 깊이 공감만 해야지 분위기에 휘말리지 마세요. 정보력을 자랑해야 하는 그들은 절대 우리의 비밀을 지키지 않을 겁니다.

셋째, 잘 보이려 애쓰지 말고, 적당한 거리를 유지하세요.

만나면 즐겁고 관계가 이어지는 게 좋다면 군이 피할 필요는 없습니다. 그런데 사람 관계라는 게 열 번 좋다가도 한 번의 섭섭함 때문에 틀어지지 않던가요? 어느 정도 거리를 두는 게 여러모로 낫습니다. 가십 메이커를 필두로 한 그룹의 주요 플레이어가 되지 마세요. 구성원이 된 순간 온갖 거미줄처럼 엮인 감정 소용돌이에 반응해야 합니다. 겉으로 사이좋아 보이는 구성원들이라도 속을 들여다보면 그동안 누적된 감정 찌꺼기들이 눅진하게 붙어 있는 경우가 많죠. 직장에서 이런 관계가 늘어날수록 피곤해집니다.

저는 직장에서 바람직한 포지션은 '다정하고 호감 가는 동료' 정도가 좋다고 생각합니다. 그러면 인생이 훨씬 단순하고 갈등 상황에서 여유로워지거든요.

막말 및 갑질하는 사람의 대처법은
바퀴벌레 퇴치법과 비슷합니다.
멸종시키는 건 불가능하지만
최대한 살기 불편하게 여기도록
만들 수는 있습니다.

못된 성깔을 고칠 수야 없겠지만,
못된 말을 뱉는 순간
최대한 불편한 상황이 펼쳐지게 해주세요.

막말은 자기도 모르게
나오는 게 아닙니다.
상대의 반응과 둘러싼 상황을
계산해서 뱉는 겁니다.

직장이 일상을
방해한다면

신경끄기^{Switch Off} **연습**

현재를 제대로 살지 못하는 사람들

우리는 바쁘게 살아갑니다. 한 연구에 따르면 직장인은 평균 11분에 한 번씩 방해를 받는다고 합니다. 보고서를 쓰면서도 이메일을 체크하고, 동료의 질문을 받고, 휴대폰에 반응하며, 관련 자료를 읽습니다. 그런 의미에서 멀티태스킹은 필수 능력인 듯합니다. 하나를 하면서 또 다른 걸 생각해야 하니까요. 직장에서뿐 아니라 가정도 돌봐야 하는 기혼자라면 복잡함은 좀 더 극대화됩니다.

하지만 이런 복잡한 삶의 방식을 경고하는 목소리가 커지고 있습니다.《멀티태스킹은 없다^{the myth of multitasking}》라는 책에서 미국의 경영 컨설턴트 데이비드 크랜쇼^{David Crenshaw}는 스위치 태스킹^{switch-tasking}과 백그라운드 태스킹^{background-tasking}을 설명합니다. 스위치 태스킹은 두 가지의 일을 번갈아가며 처리하는 방식이고, 백그라운드 태스킹은 무의식적이고 반복적인 일을 하면서 다른 업무를 진행하는 겁니다. 길을 걸으면서 회사 동료와 통화하는 경우를 예로 들 수 있지요. 크랜쇼와 《원씽^{The one thing}》의 저자 게리 켈러^{Gary Keller} 모두 우리가 집중해서 두 가지 이상의 일을 처리하는 멀티태스킹은 불가능하다고 경고합니다. 그러다 오히려 두 가지 모두 망치는 경우가 대부분이라는 거죠.

일하는 우리는 멀티태스킹도, 스위치 태스킹도 제대로 되지 않는 상태로 피곤하게 삽니다. 회사에서는 퇴근 이후를 생각하고, 퇴근 이후에는 회사 걱정을 하니까요. 그러다 보니 회사에서는 느리게 흐르는 시간이 버겁게 느껴지고, 퇴근한 후에도 제대로 휴식을 누리지 못합니다.

생각을 끄고 켜는 연습은 현재에 살도록 도와준다

평소 우리 의식의 흐름은 이런 식입니다.

'영문 보고서 중에 모르는 단어가 문장마다 있네. 영어 공부 좀 해야 하는데. 학원에 다녀야 하나? 시간이 없는데. 집에 들어가서 씻으면 9시인데 공부할 시간이 어디 있어? 집이 너무 멀어서 문제야. 그나저나 3개월 후면 전세 계약 만료인데 계속 살까 아니면 회사와 가까운 곳으로 옮길까? 회사 근처면 전세금이 더 높은데 돈은 어디서 마련해야 하지? 이따 인사팀 송 대리 만나면 직원 전세대출 혜택 좀 상담해봐야겠다. 그나저나 보고서가 길기도 길다. 읽는 데 한참 걸리겠어. 진짜로 영어 공부해야 하는데….'

#퇴근 후 (저녁 또는 주말)

'아, 피곤하다. 다음주에는 행사가 진짜 많은데 얼마나 피곤할까. 그나저나 참석자가 몇 명이더라? 행사장이 휑하면 팀장이 또 난리 칠 텐데. 어, 저 파스타 맛있어 보인다. 이따 친구 만나면 파스타 먹자고 해야지…. 참, 행사 메뉴를 지배인에게 보내 달라고 했던가? 그것도 빨리 정해야 하는데. 몰라, 귀찮아. 금요일에 이메일 하나도 체크 안 하고 퇴근했는데 이따 확인해야 하나? 아냐, 퇴근해서까지 회사 일을 할 필요는 없지. 그나저나 바쁜 일 끝나면 여행이나 갈까? 그런데 바쁜 일이 언제 끝나냔 말이지.'

한 가지 일을 하면서도 다른 생각을 계속해서 떠올리는 경우는 흔합니다. 굉장히 비효율적이죠. 스트레스는 끝도 없이 받지만 실제로는 어떤 것도 진척되지 않으니까요. 제가 아는 임원은 많은 업무를 하면서도 스트레스를 거의 받지 않는 걸로 유명했습니다. 물론 천성이 느긋한 이유도 있겠지만, 그의 비결 중 하나는 회사를 나서는 순간 전혀 회사 걱정을 하지 않는다고 하더라고요. 머릿속에 생각조차 나지 않는다고 하니 신기할 따름입니다.

우리는 의식적으로 훈련을 해야 합니다. 회사에서 자꾸 이런저런 생각이 떠오를 때면 잠시 멈추고 자신에게 얘기하는 거예요. '됐어, 그만. 이건 이따 퇴근할 때 생각하면 돼'. 잊어버릴까봐 걱정되면 메모지에 작게 키워드로 '학원', '전세' 등으로만 적어놓고 생각을 멈춥니다. 집에서 회사 걱정이 스멀스멀 올라오기 시작할 때도 똑같이 대처합니다. '됐어, 그만. 이건 출근할 때 생각해도 충분해.' 잊어버리면 안 되는 중요한 이슈라면 역시 휴대폰이나 메모지에 키워드만 적어놓습니다.

그러고는 출퇴근 시간에 스마트폰으로 다른 걸 하기보다는 그 키워드를 쳐다보며 생각합니다. 출근 시간에는 회사 관련 키워드를, 퇴근 시간에는 개인 생활 관련 키워드를 보며 필요한 사항을 고민하고 찾아봅니다. 운전하면서 출퇴근한다고 해도 다를 게 없어요. 운전 중에 키워드를 흘깃 보면서 생각하면 됩니다. 어차피

출근 길	퇴근 길
ON ● 업무 생각	개인생활(가정) 생각 **ON** ●
● **OFF** 개인생활(가정) 생각	업무 생각 ● **OFF**

기존에도 제대로, 본격적으로 고민하는 건 아니었잖아요?

중요한 건 이동하는 순간 마음을 전환하는 것입니다. '자, 이제부터는 회사 일을 생각하는 모드야. 자, 이제부터는 사생활에 집중하는 모드야. 내 시간과 집중력을 망치지 마.' 이렇게 말이에요.

'연결 대기 상태'에 있을 필요는 없다

퇴근 후에도 언제나 직장과 연결되어 있다는 사실은 피로감을 줍니다. 주말에 영화 보느라 휴대폰을 가방 안에 넣어두어서 상대방의 메시지를 보지 못하면 '미처 확인 못 했습니다. 늦게 답변드려 죄송합니다'는 식의 답변을 해야 하는 걸까요? 전혀 죄송할 일은 아닌데 말이지요.

직원이 '퇴근 후에는 연락하지 말아 주세요'라고 정색하기는 쉽지 않은 문제이니 근본적인 해결을 위해서는 상사가 앞장서야 합니다. 깜빡 잊은 지시사항이 있어서, 진행 상황이 궁금해서, 방금 위에서 내려온 지시사항을 전달하느라 퇴근 후에 직원들에게 연락하면 안 됩니다. 여기에는 이런 이기심이 깔려 있거든요.

'바빠서 나중 되면 잊어버릴지도 몰라. 지금 생각났을 때 얼른 보내고 나는 잊어버려야지.'

일을 미루지 않는 건 좋지만, 다른 사람을 스트레스와 번민에 빠지게 하는 나쁜 습관입니다. 정말 다급한 상황이면 연락할 수도 있겠지만 '지금 알면 좋지만, 출근 후 알아도 큰 문제는 없는 것'이라면 연락하지 말아야 합니다.

"하지만 정말 잊어버리면 어떻게 해요?"라고 묻는 분을 위해 소소한 팁을 드리자면 차라리 메일로 보내세요. 그리고 직원들에게는 미리 말하는 겁니다. '퇴근 후 보내는 이메일은 당장 대답하라는 의미가 아니라 잊어버리기 전에 보내는 것이니 괜히 수시로 확인할 필요 없다'고요.

퇴근 후나 주말에 부서 채팅에 글을 올리는 사람이 있으면 부서장은 반응을 보이지 않는 것이 좋습니다. 설사 웃긴 에피소드나 영상을 공유했다고 해도 말이죠. 부서장이 'ㅋㅋ'라도 올리는 순간 다른 사람들은 이모티콘이라도 보내야 한다는 압박감을 느낍니다. 한 걸음 더 나가 다음 날 "퇴근 후에 뭐하러 올립니까?"라며 슬쩍 면박을 주면 그런 문화는 금방 사라집니다.

상사가 아니라 부서원의 입장이라면 해결책을 찾긴 쉽지 않겠지요. 하지만 상황을 개선할 수 있는 소소한 노하우는 있어요. 상사의 연락이 없더라도 퇴근 후에 습관적으로 회사 메일을 체크하는 사람이 있습니다. 부디 그러지 마세요. 퇴근 후에는 이메일과 업무 메신저의 알람을 꺼두세요. 아니, 휴대폰에 이메일 알람을 애초에 설정하지 마세요. 사람들은 분초를 다퉈야 하는 급한 일을 이메일로 보내지 않습니다.

상사는 메시지를 보낼 때 다급한 경우보다는 아까 위에서 말씀 드린 것처럼 잊어버리기 전에 보내는 경우가 더 많습니다. 그러니 상사에게 '자신은 퇴근하고 나서 휴대폰 메시지를 거의 확인하지 않으니 정말 긴급한 일이 있으면 전화로 달라'고 얘기하는 것도 방법입니다. 물론 시도 때도 없이 전화하면 더 스트레스를 받으니, 상대를 봐 가며 해야겠지요.

하나 더 팁을 말씀드리면 진행 중인 프로젝트는 최종 완성이 되기 전이라도 상사와 동료에게 공유하는 게 좋습니다. 출력한 자료를 건네주셨어도 메일이나 클라우드 팀 계정에 원본을 공유해주세요.

주말에 경영진이나 클라이언트가 급하게 자료를 보내달라고 하거나 수정을 요구할 때가 종종 있었습니다. 가능한 한 제 선에서 해결하고 싶지만, 담당자만 자료를 갖고 있다면 도저히 방법이 없어요. 싫어할 걸 뻔히 아는데도 퇴근 후 팀원에게 전화해야 하는 상황은 정말 고역입니다. 그러니 담당자가 연락 두절이 되어도 별 타격이 없도록 주요 자료는 항상 공유해주세요.

우리는 직장에서는
퇴근 후를 생각하고,
퇴근 후에는
직장 업무를 염려합니다.

결국 어느 순간에도 현재는
제대로 살지 못하는 셈이죠.

스위치의 온오프 기능처럼
생각 모드를 전환하는 자기만의 의식,
지나치게 연결된 자신을 제한하는 규칙 등을
만들어 보세요.

현재는 우물쭈물하는 사이
금방 사라져버립니다.

Part V. 단순하게, 관계 맺다

빛나는 재능은
세상을 더 나은 곳으로
만드는 힘이 있다

[재능才能]

어떤 일을 하는 데 필요한 재주와 능력.

개인이 타고난 능력과 훈련에 의하여 획득된 능력을 아울러 이른다.

― 표준국어대사전 ―

에밀 아자르^{Emil Ajar}의 《자기 앞의 생^{La Vie devant Soi}》을 처음 읽었을 때의 충격이 기억납니다. 어린 꼬마 모모와 그를 돌보는 늙고 뚱뚱한 로자 아줌마 사이에서 일어난 일을 다룬 장편 소설인데, 아직 안 읽으신 분들의 즐거움을 위해 자세한 얘기는 하지 않겠습니다. 어쨌든 저는 이 소설을 덮자마자 모자가 있다면 벗어 손에 쥐고 작가에게 정중히 고개 숙이고 싶었습니다. 동시에 그 재능이 한숨이 날 만큼 부럽더군요. 소설의 마지막 문장은 이렇게 끝납니다.

'라몽 의사 아저씨는 내 우산 아르튀르를 찾으러
내가 있던 곳까지 다녀오기도 했다.
감정을 쏟을 가치가 있다는 이유만으로
아르튀르를 필요로 할 사람은 아무도 없을 테고,
그래서 내가 몹시 걱정했기 때문이다. 사랑해야 한다.'

저는 에밀 아자르가 어떤 사람인지, 어떤 인생을 살았는지 관심 없습니다. 이 책을 써준 것만으로 이미 최상의 좋은 선물을 준 셈 이니까요. 그는 나의 영웅입니다.

이처럼 빛나는 재능은 다른 사람을 감탄하게 하고, 세상을 더 나은 곳으로 만드는 힘이 있습니다. 재능은 비범한 것만 얘기하지 않습니다. 타고난 영역만을 의미하지도 않습니다. 굳이 에밀 아자르와 같은 뛰어난 작가를 예로 들지 않더라도, 우리는 일상에서 많은 사람의 빛나는 재능 덕을 보며 살아갑니다.

하루의 고단함까지 씻어낼 정도로 맛있는 음식을 만드는 셰프의 손길, 매번 오차 없이 바뀌는 신호등, 어디서나 연결되는 무선 통신, 수십만 권의 책을 일사불란하게 정렬해두어 손쉽게 찾을 수 있게 만든 도서관, 일일이 나열하려면 끝이 없겠네요.

피 검사를 하는 어린 자녀를 둔 부모들은 노벨 생리의학상을 받은 석학보다 혈관을 한 번에 찾아서 1분 만에 채혈을 끝내는 노련한 수간호사의 재능이 훨씬 존경스럽습니다. 무거운 장바구니를 집 앞까지 가져다주는 배송 기사분들은 수많은 맞벌이 가정의 분란을 잠재운 평화의 사도입니다.

기왕이면 키워주세요.
당신의 재능을.

일을 잘하지 못하면 한심한 인간일까요? 그렇지 않습니다. 우리의 인생 목표가 '회사에서 일을 잘해야지'도 아닌데, 거기에 전전긍긍하며 매달릴 필요는 없습니다. 그리고 앞으로는 평생 3~4개의 직업을 갖고 살아가게 된다는데, 첫 번째 직장에서 제대로 못 했다고 해서 그 사람의 커리어 전체가 암울한 것도 아닙니다.

하지만 일의 재능은 대부분 키울 수 있고, 키울수록 좀 더 쉬워집니다. 사실 조직의 업무는 타고난 재능보다 훈련되는 영역이 3 : 7 정도로 넓거든요. 기왕이면 얼굴이 환해져서 돌아가는 클라이언트를 보는 게 낫지 않겠어요? 기왕이면 보고서의 전면 재수정으로 밥 먹듯이 야근하는 일이 없는 게 낫지 않겠어요? 우리의 정신 건강을 위해서라도 말이에요.

앞에서 얘기했던 네 가지 영역(기획, 보고서, 언어 소통, 관계)은 어느 곳에 가서나 필요한 재능이라고 생각합니다. 어떤 프로젝트를 맡든, 어떤 문제가 생기든 풀어나갈 수 있도록 돕는 기초 근육과 같으니까요.

학생에게 선생이 있는 것처럼, 운동할 때 개인 트레이너가 있는 것처럼, 일에도 과외 선생과 개인 트레이너가 있으면 좋겠어요. 저는 운 좋게도 뛰어난 멘토들이 많았습니다만, 대부분은 보고 따라 할 롤 모델 없이 고군분투한다고 알고 있습니다. 직접 찾아갈 수 없어 글로 대신하는 아쉬움을 알아주셨으면 좋겠네요.

회사형 인간이 될 필요는 없지만 일을 통해 키운 재능은 고스란히 자신의 몫으로 남습니다. 제약회사의 신약 승인을 위해 정부 부처를 뛰어다니던 사람의 능력은 스타트업의 최신 기술을 승인받을 때 고스란히 발휘됩니다. 식품회사에서 쇠락하는 브랜드를 일으킨 기획을 한 사람은 대중들이 점차 외면하는 예술극장에 새로운 활력을 불러넣는 기획을 할 능력이 있습니다. 자동차 회사에서 고객이 원하는 것을 정확히 이해하고 소통하는 능력을 키운 세일즈맨은 본인의 작은 가게를 창업했을 때도 재능이 고스란히 발휘됩니다.

그러니 기왕이면 키워주세요. 당신의 재능을 말이에요. 당신의 재능 덕분에 우리 같은 평범한 사람들이 혜택을 보겠지요. 우리 같은 평범한 사람들이 키운 재능으로 당신이 지금 혜택을 보는 것처럼 말이에요. 좋은 방향으로 양성 순환 고리positive feedback loop가 일어나는 거지요.

이제 저는 지금까지 본 저자의 인사말 중에서 가장 섹시한 문구를 살짝 각색하며 이 책을 마칠까 합니다. 미국의 천문학자이자 과학도서의 거장 칼 세이건Carl Sagan이 《코스모스Cosmos》 서두에 아내에게 남긴 말을 변형한 것입니다.

이 긴 책을 읽는 동안 저와 동행한 독자에게

공간의 광막함과 시간의 영겁에서
행성 하나의 찰나의 순간을
당신과 공유할 수 있었음은
나에게 하나의 기쁨이었습니다.

– 하늘이 맑은 날, 서재에서 박소연 드림

Special Thanks to

인생을 단순하게 사는 법을 누구보다 잘 알고 계신
아버지 박경옥, 어머니 김유자 여사에게 사랑과 존경을 표합니다.
그리고 내가 더 나은 사람이 되고 싶도록 만들어준
남편 이영규에게 고마움을 전합니다.